참교사가
되고 싶어요!

참교사가 되고 싶어요!
새내기 선생님을 위한 배움과 성장 지침서

초 판 1쇄 2025년 01월 21일

지은이 주봉준
펴낸이 류종렬

펴낸곳 미다스북스
본부장 임종익
편집장 이다경, 김가영
디자인 윤가희, 임인영
책임진행 안채원, 이예나, 김요섭, 김은진, 장민주

등록 2001년 3월 21일 제2001-000040호
주소 서울시 마포구 양화로 133 서교타워 711호
전화 02) 322-7802~3
팩스 02) 6007-1845
블로그 http://blog.naver.com/midasbooks
전자주소 midasbooks@hanmail.net
페이스북 https://www.facebook.com/midasbooks425
인스타그램 https://www.instagram.com/midasbooks

ⓒ 주봉준, 미다스북스 2025, *Printed in Korea.*

ISBN 979-11-7355-050-8 03370

값 20,000원

미다스북스는 다음세대에게 필요한 지혜와 교양을 생각합니다.

새내기 선생님을 위한 배움과 성장 지침서

참교사가
되고 싶어요!

주봉준 지음

미다스북스

참교사를 꿈꾸며

"참교사 났네, 참교사 났어."

교사 연구실에서 얼마나 열심히 수업을 준비했는지, 그 수업이 아이들에게 어떤 의미가 있었는지를 신나게 자랑하던 저에게 한 선생님께서 이렇게 말씀하셨습니다. 처음에는 저를 놀리며 비아냥거리는 말인 줄 알았지만, 이상하게도 기분이 나쁘지 않았습니다. 오히려 '참교사'라는 단어가 제 마음을 설레게 했습니다.

그때까지만 해도 참교사가 어떤 모습인지 잘 몰랐습니다. 어렴풋이 제가 아직 도달하지 못했으나 언젠가는 닿고 싶은 이상적인 교사의 모습이라고 느껴졌습니다. 그러던 중 1급 정교사 연수에서 여러 선생님들과의 만남을 통해 큰 영감을 받았습니다. 학생들을 진심으로 사랑하며, 더 나은 수업과 교육을 위해 끊임없이 고민하고 노력하는 그분들의 모습이야말로 제가 꿈꾸는 참교사의 모습이라는 걸 깨닫게 되었습니다.

그날 이후, '나도 열심히 하면 참교사가 될 수 있을까?'라는 생각이 제 마음을 두근거리게 했습니다. 연수에서 배운 내용을 학급에서 시도해 보기도 하고, 저만의 새로운 아이디어를 떠올리며 교육에 점점 더 깊이 빠져들

었습니다. 물론 실수도 하고 좌절도 했지만, 가끔씩 찾아오는 작은 성취감
은 제 열정을 더욱 불타오르게 했습니다. 그렇게 저는 참교사를 꿈꾸며 노
력하는 열정적인 교사가 되었습니다.

그 열정은 어려움 속에서도 저를 지탱해 주는 힘이었습니다. 새 학년이
시작될 때, 학년이나 업무 배정에서 힘든 길을 자처하기도 했습니다. "나
를 쓰러뜨리지 못한 좌절은 나를 성장시킬 뿐이다."라는 말처럼, 어려운
상황을 극복하는 과정 자체가 보람으로 다가왔습니다.

하지만 서이초 사건을 접하면서 새로운 깨달음을 얻었습니다. 그동안
저는 제 역할에만 충실하면 된다고 생각했지만, 사실은 주변을 돌아보는
데 소홀하지 않았나 반성하게 되었습니다. 아직 배울 것이 많은 신규 교사
나 어려움을 겪고 있는 동료 교사들에게 도움을 주고 싶다는 마음이 생겼
습니다.

그러나 제 생각을 말로 잘 전달할 수 있을지에 대한 자신이 없었습니다.
그래서 하고 싶었던 말을 정리하기 위해 글을 쓰기로 결심했습니다. 하루
하루 글을 쓰면서 그동안의 교직 생활을 돌아보니, 제 안에 쌓여 있던 경

험과 생각들이 정리되었습니다. 동시에 교사로서 한 단계씩 성장해 온 저 자신의 모습이 뿌듯하게 느껴졌습니다.

이 책은 참교사를 꿈꾸며 걸어온 제 여정을 담은 기록입니다. 교사로서 고민하고 깨달았던 순간들, 학생들과 나눈 소중한 추억, 그리고 더 나은 수업과 교육을 위해 도전하며 배운 노하우를 담았습니다.

저는 교사가 학생들과 함께 배우고 성장하는 존재라고 믿습니다. 저 또한 수많은 시행착오 속에서 배움을 이어왔고, 앞으로도 계속 성장할 것입니다. 이 책이 교사의 길에 들어선 모든 분들, 그리고 참교사를 꿈꾸는 분들에게 작은 위로와 영감을 줄 수 있기를 바랍니다.

교육, 사람을 변화시키는 힘

    교육은 학생과 교사가 함께 성장하며 서로에게 영향을 미치는 과정이라고 믿습니다. 『참교사가 되고 싶어요!』는 이러한 교육의 본질을 깊이 고민하며 실천해온 교사의 교육 철학과 참모습을 여실히 담아낸 책입니다. 이 책은 진정한 교육자가 되고자 하는 교사 지망생과 현직 교사를 위한 감동적이고 진심 어린 안내서로, 교육의 본질과 교사의 역할에 대해 깊이 성찰하게 만듭니다.

    특히 이 책은 학생과 교사 모두에게 연민, 협력, 성장이라는 가르침의 핵심 가치를 다시금 일깨워줍니다. 교육과정 설계, 수업 실천, 학생 상담에 대한 구체적이고 실제적인 통찰력을 담고 있으며, 무엇보다도 저자의 경험을 바탕으로 한 이야기들에서 진정성과 생동감을 느낄 수 있습니다.

    이 책은 단순한 한 교사의 교육적 고백을 넘어, 참교사가 되기 위한 구체적인 전략과 실천 방안을 제시합니다. 선생님은 자신의 경험을 통해 교직의 어려움을 진솔하게 풀어내는 동시에 이를 극복하기 위한 실질적인 노하우를 아낌없이 나누고 있습니다. 또한, 교사로서뿐만 아니라 한 인간으로서의 깊은 성찰이 담겨 있어 독자들에게 더 큰 공감을 이끌어냅니다.

이 책을 통해 학생들의 삶에 지속적인 영향을 미칠 수 있는 소중한 교육의 의미를 발견하시기를 바랍니다. 아울러, 사람을 변화시킬 수 있는 교육의 힘을 믿는 모든 선생님께 이 책이 또 하나의 의미로 남기를 바랍니다.

의령교육지원청 교육지원과장 강정

1장

좋은 선생님이 되고 싶었어요!

4장

아이들의 마음을 품어주고 싶어요!

5장

선생님도 참교사가 되고 싶어요?

1장

좋은 선생님이
되고 싶었어요!

[생각을 여는 질문]

어떤 사람이 되고 싶은지 고민하는 것이

진짜 꿈이라고 합니다.

그렇다면, 지금 선생님의 꿈은 무엇인가요?

꿈을 꾸는 아이가 꿈을 이룬다

누구나 살면서 한 번쯤 들어본 질문, "넌 꿈이 뭐니?". 어릴 적 선생님들의 꿈은 무엇이었나요? 혹시 선생님이 되는 것이 꿈이었나요? 그렇다면 선생님이 된 지금, 어떤 꿈을 가지고 계신가요? 저는 꿈에 관한 이야기를 시작해보려고 합니다.

"넌 꿈이 뭐니?"
"음… 모르겠어요."
"저는 아직 정하지 못했어요."
"전 꿈이 없는데요?"

학생들의 꿈이나 장래희망을 조사해야 하는 수업을 할 때가 종종 있습니다. 미술 시간에 그림을 그리거나, 수학 시간에 그래프로 나타낼 때도 장래희망을 주제로 삼곤 합니다. 진로교육 시간에는 학생들에게 꿈에 대해 질문하고, 다양한 직업을 체험하며 적성을 탐색하는 활동을 합니다. 그러나 당황스럽게도 학급마다 많은 학생들이 꿈이 없다고 말합니다. (참고로, 꿈과 장래희망이 다르다고 생각하는데, 이 부분은 다음 장에서 자세히 다루겠습니다.)

이럴 때 정말 곤란하죠. 학생들의 장래희망을 알아야 수업을 이어갈 수 있는데, 꿈이 없다고 말하면 어떻게 해야 할까요? "너는 여태껏 장래희망도 정하지 못하고, 그동안 뭐 했니?"라고 다그칠 수도 없는 노릇이죠. "그래도 하나만 생각해 볼래? 넌 커서 뭐가 되고 싶어?"라며 달래듯 물어봐도 "생각이 안 나요."라며 생각하는 것조차 힘들어하는 학생들을 보면 정말 난감합니다.

교육부와 한국직업능력연구원에서 실시한 '2024 초·중등 진로교육 현황조사 결과'에 따르면, 장래희망이 없다고 응답한 초등학생이 20%를 넘는다고 합니다. 중학생의 경우, 무려 40%가 꿈이 없다고 답했으며, 이 비율은 해마다 증가하고 있습니다.

아무리 꿈꿔도 현실이 힘들다는 걸 이미 깨달았기 때문일까요? 아니면 부모의 지나친 간섭과 기대 속에서 스스로 생각하는 능력을 잃어버린 것일까요? 그것도 아니면 4차 산업혁명으로 급변하는 시대 속에서 어디로 나아가야 할지 갈피를 잡지 못하고 있는 것일까요? 우리 아이들이 왜 이렇게 꿈을 꾸지 못하게 된 것일까요?

돌아보면, 저는 어릴 적부터 많은 꿈을 가지고 있었습니다. 초등학교 저학년 시절에는 부족한 재능에도 불구하고 학원을 다닌다는 이유로 태권도 선수를 꿈꿨고, 현미경을 가지고 노는 게 재미있어서 과학자가 되고 싶기도 했죠. 6학년 때는 즐겨 보던 TV 만화 〈몬타나 존스〉의 주인공처럼 보물을 찾아다니는 탐험가가 되고 싶어서, 장래희망 그림을 그릴 때 고고학자가 된 제 모습을 상상하여 그리기도 했습니다. 그 외에도 우주비행사, 사서 교사, 시인 등 끊임없이 다채로운 꿈을 꿨습니다.

그러다가 중학교 1학년 때 불현듯 선생님이 되면 재미있을 것 같고, 잘 할 수도 있을 것 같아서 장래희망으로 정했습니다. 이후 학창 시절 내내 그 꿈을 이루기 위해 노력했습니다. 수업 중에 선생님들을 보며 '나 같으면 이렇게 가르칠 텐데.'라고 상상하거나, 존경하는 선생님들의 가르침에서 배울 점을 찾곤 했습니다. 시험 기간이면 공부하기 싫어하는 친구들을 모아 시험 내용을 요약해 알려주거나 예상 문제를 퀴즈로 내며 공부를 도왔습니다. 그 시간이 정말 즐거웠고, 그래서 더욱더 선생님이 되고 싶었습니다.

다행히 수능을 잘 치르고 교육대학교에 입학했습니다. 교대에서 피아노, 바느질, 강강술래와 같은 다양한 수업을 들으며 많은 재미를 느꼈습니다. 여러 분야의 내용을 배우고 익히는 것이 즐거웠습니다. 실습을 통해 학생들의 성장을 도와주는 초등교사의 역할이 제 적성과 잘 맞는다는 것을 깨달았습니다. 그리고 임용고시를 거쳐 드디어 고대하던 선생님이 되었습니다.

학창 시절, 하기 싫은 공부에 억지로 교실에 앉아 있던 친구들, 앞으로 어떻게 살아야 할지 몰라 고민하던 친구들, 이상과 현실 사이에서 힘들어하던 친구들이 생각납니다. 되돌아보면, 저는 큰 고민 없이 학창 시절을 보냈습니다. 다른 친구들보다 미래를 준비하는 어려운 순간들을 잘 이겨낼 수 있었고, 그 과정들을 즐길 수 있었습니다. 저는 그 이유가 명확한 목표, 즉 장래희망이 있었기 때문이라고 생각합니다.

요즘 뉴스를 보면 우리나라 학생들이 참 불행해 보입니다. 영어 유치원부터 초등 의대반까지 경쟁은 점점 더 치열해지고 있으며, 부모들은 태아 때부터 그 동아줄을 잡기 위해 대기를 걸어야 하는 현실입니다. 아이들은 자유롭게 꿈꿀 권리조차 빼앗기고, 자신이 어떤 사람인지 탐색할 기회도 없습니다. 돈과 경쟁에 내몰린 사회의 한 어른으로서 아이들에게 그저 미안할 따름입니다.

저는 학생들에게 종종 이렇게 말합니다.

"자신에 대해 더 많은 관심을 가져 보세요. '나는 무엇을 좋아할까? 나는 무엇을 잘할까?'라고 스스로에게 질문하며 꿈을 찾아보세요. 여러분은 무엇이든 할 수 있는 가능성을 지니고 있습니다. 마음껏 꿈꾸고 그 꿈을 이루기 위해 노력하세요."

"천재는 노력하는 자를 이길 수 없고, 노력하는 자는 즐기는 자를 이길 수 없다."

이 말처럼 재능과 노력도 중요하지만, 자신이 좋아하는 일을 찾는 것이 더욱 중요합니다. 아이들이 자신이 좋아하는 일을 발견하고 다채로운 미래를 꿈꿔보았으면 합니다. 꿈과 목표가 있는 사람은 힘든 과정을 이겨낼 수 있는 힘을 가질 수 있으니까요.

진짜 꿈은 장래희망이 아니야

학창 시절, 한 선생님께서 이렇게 말씀하셨습니다.

"어떤 직업을 가지겠다는 것은 꿈이 아니야. 어떤 사람이 되고 싶은지를 생각하는 게 꿈이야."

그때 저는 그 말을 이해하지 못했습니다. 흔히 '너의 꿈이 뭐니?'라고 물으면 아이들은 '운동선수가 되고 싶어요.'와 같이 대답하곤 합니다. 저도 그랬습니다. 그런데 선생님께서는 '어떤 직업을 갖고 싶다.'가 아니라, '어떤 사람이 되고 싶다.'라고 꿈을 꿔야 한다고 말씀하시는 겁니다.

선생님이 되겠다는 꿈을 품고 오랜 시간 동안 노력하며 달려왔습니다. 앞으로 만날 학생들을 떠올리며 교육 철학을 공부하고, 동료들과의 수업 실연을 통해 교사로서의 역량을 키웠습니다. 그렇게 한 걸음씩 나아가다 보니, 마침내 그 꿈을 이루게 되었죠.

저는 바다가 보이는 작은 학교에 신규 발령을 받아 처음으로 학급을 맡게 되었습니다. 이 순간을 위해 준비해 온 것이 아깝지 않았습니다. 마음속에 열정을 가득 품은 채 교실에 첫발을 내디뎠습니다.

"여러분, 반갑습니다. 난 여러분과 한 해 동안 함께할 담임 선생님이에요. 그럼 출석을 불러볼까요?"

1번 강○○, 2번 김○○, … 7번 박○○, 박○○?

아무리 불러도 박○○는 나타나지 않았습니다. 그때 아이들이 꺄르르 웃음을 터뜨리며 교실 뒤쪽을 가리켰습니다. 돌아보니 사물함 하나가 들썩거리고 있었습니다. 문을 벌컥 열자, 삐쩍 마르고 새까만 아이가 배를 부여잡고 웃으며 튀어나왔습니다. 대학교에서 배운 적도 없고, 상상도 하지 못했던 저의 첫 교직 생활은 이렇게 시작되었습니다.

그해는 정말 다사다난했습니다. 2층 교실 창문에서 한 아이가 줄넘기를 창밖으로 늘어뜨리자, 1층에 있던 다른 아이가 그 줄을 타고 올라가려다 다칠 뻔한 적이 있었습니다. 도자기 체험장에서는 반 아이들끼리 치고받으며 싸우다가 두 명 모두 코피가 터지기도 했죠. 주말에 부둣가의 부표 위에서 놀다가 동생이 바다에 빠져서 직접 구해줬다는 한 학생의 이야기에 가슴이 철렁했던 적도 있었습니다. 하루가 멀다 하고 사고를 치는 아이들을 수습하는 것만으로도 벅찼습니다.

아이들에게 저는 그저 만만한 초짜 선생님이었습니다. 물리력으로 아이들을 제압하고 싶지 않았지만, 결국 한 달 만에 사랑의 매를 들고 말았습니다. 당시에는 체벌이 허용되었습니다. 체벌 도구의 길이와 횟수 등에 대한 제한은 있었지만, 어쨌든 가능했죠. 사랑으로 대하고 싶었지만, 아이들을 더 효과적으로 지도할 다른 방법을 찾지 못했기에 체벌이라는 선택을 할 수밖에 없었습니다. 그러나 체벌이 잦아질수록 제 마음은 더욱 무거워졌습니다.

하루는 교무실에서 운동회에 관한 회의를 하다가 수업 종이 울린 한참

후에야 교실로 갈 수 있었습니다. 왜 수업 시간인데도 교실로 갈 수 없었을까요? 그 당시 관리자분들은 수업보다 업무를 더 중요하게 여기셨던 것 같습니다.

2층 교실로 급히 올라가던 저는 계단 중간에서 발걸음을 멈춘 채 한참 동안 서 있었습니다. 위층에서는 왁자지껄한 소리와 함께 물건이 부딪히고 부서지는 소리가 들려왔지만, 교실로 올라갈 수가 없었습니다. 안 봐도 비디오였습니다. 수업 종이 울렸지만, 선생님이 없는 교실에서 아이들은 고삐 풀린 망아지처럼 에너지를 주체하지 못했겠죠. 교실에 들어가는 것이 두려웠습니다. '지금 무슨 시간이야! 수업 종이 쳤으면 선생님이 없어도 자리에 앉아 있어야지!' 지금 올라가면 또 아이들을 향해 비수를 날리듯 소리를 지르고 혼내야 할 것 같았습니다. 그러고 싶지 않았습니다.

그날 이후, 교사로서의 길에 대해 깊은 고민이 시작되었습니다. 이 길이 과연 나에게 맞는지, 내가 아이들에게 좋은 영향을 줄 수 있는 사람인지에 대한 확신이 서지 않았습니다. 주변 사람들에게 걱정을 끼치는 것이 아닐까 하는 생각에 하소연하는 것도 쉽지 않았습니다.

"넌 어때? 할 만해?"

"하, 우리 반 애들 때문에 죽겠다."

"왜? 무슨 일 있어?"

"아니, 아무리 지도해도 애들이 우유를 남기잖아. 안 먹을 거면 집에 가져가라고 해도 매일 2~3개는 교실에 굴러다닌다니까."

"어? 우유 때문에 힘들다는 거야? 나는… 아니다."

도시의 큰 학교로 발령받은 친구는 우유 때문에 힘들다고 하였습니다. 또 다른 친구는 교사 연구실의 수업 자료(CD, 교재 등) 정리 업무를 맡았는데, 아무리 정리해도 티가 나지 않아 고민이라고 하였습니다. 저는 그 친구들의 고민이 그저 부럽기만 했습니다.

여름 방학이 시작되었고, 2주간의 방학 캠프가 이어졌습니다. 차가 없었기에 학교 인근의 자취방에서 무더운 여름을 보냈습니다. 할 일도 없고 의욕도 없이 무기력한 시간을 좁은 방 안에서 보냈습니다. 지금 돌이켜보면, 그때 저는 무력감과 우울함 속에 빠져 있었던 것 같습니다.

방학 캠프가 끝난 후, 대학 시절부터 참여해온 동아리 모임에 참석했습니다. 친구들과 선배들에게 신규 교사로서 겪었던 어려움에 대해 털어놓았습니다. 그들은 제 이야기를 진심으로 들어주며 걱정해주었습니다. 저는 가족과 친구, 선배들의 위로 덕분에 마음을 추스를 수 있었습니다.

정신을 차리고 왜 제 마음이 힘들었는지 곰곰이 생각해 보았습니다. 아마도 저는 교사가 되겠다는 꿈을 이루고 나서 공허함을 느꼈던 것 같습니다. 저에게는 앞으로 나아갈 힘이 생길 수 있는 새로운 꿈이 필요했습니다. 그래서 깊은 고민 끝에 새로운 꿈을 정했습니다.

"누군가의 나침반이 될 수 있도록 깊은 발자취를 남기는 멋진 어른이 되자."

'어떤 직업을 가지겠다고 꿈꾸지 말고, 어떤 사람이 되고 싶은지를 꿈꿔라.'

어릴 때 들었던 그 말이 이제야 마음에 와닿았습니다. 직업은 꿈을 이루기 위한 하나의 수단일 뿐인데, 저는 그동안 그 수단만을 쫓고 있었던 거죠. 교사라는 길을 통해 진정으로 내가 되고 싶은 사람의 모습을 정하니, 다시 마음속에 열정이 불타오르기 시작했습니다.

지금도 저는 그 꿈을 품고 매일 조금씩 더 나은 어른이 되기 위해 노력하고 있습니다. 이 글이 저와 비슷한 고민을 하고 있는 선생님들께 작은 위로가 되기를 바랍니다. 저의 발자취가 누군가에게 작은 등불이 된다면, 더할 나위 없이 기쁠 것입니다.

우리가 변해야 학생도 변한다

초임 교사였던 2009년 1학기는 저에게 실수와 실패, 그리고 좌절의 순간들로 기억됩니다. 학생들을 사랑으로 대하겠다는 다짐은 한 달도 채 지나지 않아 흔적도 없이 사라졌고, '사랑의 매'가 그 자리를 대신하게 되었습니다. 학생들이 저를 힘들게 할 때마다 하나씩 학급 규칙을 만들었지만, 규칙은 오래 가지 못하고 생겼다 사라지기를 반복했습니다. 업무가 바쁘다는 핑계로 수업 준비도 소홀해졌고, 수업 시작종이 울리면 그제야 학생들에게 "오늘 교과서 몇 쪽 할 차례지?"라고 묻는 일이 점점 늘어났습니다.

여름 방학을 보내며, 저는 달라지기로 결심했습니다. 아니, 반드시 달라져야만 했습니다. 제가 꿈꾸던 교실의 모습은 이렇지 않았으니까요. 개학 첫날, 제가 가장 먼저 한 일은 학생들에게 솔직한 마음을 전하는 것이었습니다. 이른 아침에 출근하여 교실을 정리한 후, 분필을 집어 들었습니다. 그리고 칠판에 편지를 가득 썼습니다.

우리 반 학생들에게
다들 여름 방학은 건강하게 잘 보냈나요? 다시 교실에서 여러분을 만날 생각에 설레고 떨립니다. 개학을 맞아 여러분에게 꼭 전하고 싶은 말이 있어 이렇게 글을 남깁니다.

선생님은 여러분에게 사과하고 싶습니다. 처음 선생님이 되어 서툴렀던 1학기 동안 많은 실수를 했습니다. 하지만 2학기에는 달라진 모습으로 여러분과 함께 더 행복한 학교생활을 하고 싶습니다. 선생님은 열심히 노력할 테니, 많이 응원해 주고, 선생님을 믿고 함께해 주세요.

학생들이 하나둘 교실로 들어와 칠판 앞에 서서 편지를 읽었습니다. 몇몇 학생은 고개를 갸웃거리다가 저를 바라보며 미소를 지었고, 다른 학생들은 살짝 놀란 표정을 지었습니다. 변화된 모습을 보여주기 위해 부끄러웠지만, 친절하게 학생들을 맞이하려고 노력했습니다. 학생들은 편지를 읽고 별다른 말을 하지 않았지만, 교실의 분위기가 조금씩 달라지는 것을 느낄 수 있었습니다. 학생들의 눈빛이 조금 더 부드러워졌고, 아침의 소란스러움도 한층 차분해졌습니다. 1학기 때 저에게 가장 적의를 보였던 한 여학생은 오히려 든든한 지원군이 되어 주었습니다. 덕분에 무사히 일 년을 마무리할 수 있었습니다.

이후에도 저는 비슷한 경험을 여러 차례 겪었습니다. 한 번은 새로운 학교에 부임하게 되었는데, 학생들이 쉬는 시간마다 복도에서 술래잡기만 하며 노는 모습을 보았습니다. 학생들은 대부분 복도에 머물렀고, 넓은 운동장으로 나가 놀거나 술래잡기 이외의 놀이를 하는 학생은 거의 없었습니다. 같은 놀이만 반복하다 보니 학생들은 금세 지루함을 느꼈고, 다툼도 잦아졌습니다.

"얘들아, 복도에서 뛰면 위험해. 술래잡기는 운동장에서 해야지."

"운동장은 숨을 곳이 없어서 재미가 없어요. 그리고 미세먼지랑 햇빛 때문에 나가기 싫어요."

"그럼 교실에 앉아서 노는 건 어때?"

"교실에서는 할 만한 놀이가 없어요."

이 상황을 변화시키기 위해서는 선생님들이 먼저 변해야 한다고 생각했습니다. 학생들이 운동장에서 즐겁게 놀 수 있도록 하기 위해서는 술래잡기보다 더 흥미롭고 다양한 놀이를 알려줄 필요가 있었습니다. 교감 선생님께서는 '플라잉 디스크 얼티미트'라는 뉴스포츠를 저희에게 추천해 주셨습니다. 그래서 스포츠 클럽을 운영하기 시작했습니다. 선생님들은 시간이 날 때마다 학생들을 운동장으로 데리고 나가 함께 운동하며 놀이의 폭을 넓혔습니다. 또한, 교실마다 보드게임을 비치하고 학생들에게 게임 방법을 알려주며 함께 즐겼습니다.

시간이 지나면서, 쉬는 시간마다 복도에서 술래잡기만 하던 학생들이 이제는 운동장에서 활기차게 뛰어놀거나, 삼삼오오 모여 보드게임을 즐기며 밝은 얼굴로 시간을 보내는 모습을 볼 수 있게 되었습니다. 이러한 변화로 학생들 간의 다툼이 줄어들고, 긍정적인 학교 분위기가 만들어질 수 있었습니다.

공격적인 말투를 자주 사용하는 학급에서도 상황은 마찬가지였습니다. 학생들은 사소한 대화에서도 서로에게 날카롭게 말하며, 이렇게 시작된 대화가 다툼으로 번지는 일이 잦았습니다. 대화 예절에 대해 여러 차례 지도했지만, 학생들의 말투는 쉽게 변하지 않았습니다. 원인을 파악하기 위해 저는 학생들의 대화를 유심히 관찰하였습니다.

"야! 지우개 좀 빌려줘."

"아, 싫어. 왜 맨날 나한테만 빌려달라고 하는데?"

"됐다. 치사해서 네 거 안 빌릴 거다."

"야, 최○○. 내 거 쓸래?"

"네 거는 별로야. 잘 지워지지도 않잖아."

학생들은 친구를 '야' 또는 '야, 주봉준'처럼 성을 붙여 부르는 경우가 많았습니다. 학생들은 '야'라고 불리는 순간 이미 기분이 상하기 시작했습니다. 대화의 시작이 공격적이다 보니, 상대방의 반응도 자연스럽게 공격적일 수밖에 없었습니다.

저는 학생들에게 서로를 부를 때 '야'나 성을 사용하지 않고, 이름 뒤에 '○○아'를 붙여 부르도록 지도했습니다. 예를 들어, '야, 주봉준' 대신 '봉준아'라고 부르는 것입니다. 물론 저도 먼저 실천에 옮기기로 했습니다. 돌아보니 저도 학생들을 무의식적으로 그렇게 불렀던 것을 깨달았기 때문입니다.

변화는 금세 나타났습니다. 이름을 부르자 대화의 시작부터 분위기가 한결 부드러워졌습니다. 학생들도 처음에는 다소 낯설어했지만, 한 달 정도 지속적으로 지도하고 함께 연습하자 대부분이 적응하게 되었습니다. 덕분에 학생들의 공격적인 말투도 눈에 띄게 줄어드는 것을 볼 수 있었습니다.

학생의 문제 행동을 다루는 방법에도 변화를 주었습니다. 처음에는 학생들에게 왜 그랬는지 다그치고, 제 생각을 이해시키려고만 했습니다. 가장 합리적인 문제 해결 방안을 알려주고 행동하라고 지시했습니다. 그러나 학생들이 제 생각에 납득하지 않거나 같은 문제 행동을 반복할 때마다 무력감과 좌절감이 커졌습니다. 저의 노력에도 불구하고 변하지 않는 학생들을 보며 심리적으로 많이 힘들었습니다.

그래서 방법을 바꿔보았습니다. 제 생각을 이해시키기보다는 학생들의 이야기를 먼저 들어주기 시작한 겁니다. 상담으로 학생의 문제 행동을 곧바로 고칠 수는 없었지만, 학생의 감정을 이해하고 그 마음을 헤아리는 과정에서 학생들이 점차 저를 신뢰하기 시작했습니다. 이러한 신뢰가 쌓이자 문제 행동의 빈도도 서서히 줄어들었고, 학생들이 먼저 도움을 청하는 모습도 볼 수 있었습니다.

우리 반에 문제가 있나요? 분위기가 산만한가요? 아이들끼리 자주 다투고 있나요? 학생을 변화시키는 가장 효과적인 방법은 교사가 먼저 변하는 것입니다. 교사가 작은 변화를 만들어갈 때, 학생들은 자연스럽게 그 변화를 따르게 됩니다. 일상의 작은 노력들이 쌓이면 학급의 분위기는 점점 더 따뜻하고 긍정적으로 변할 것입니다.

수업 잘한다고
누가 알아주는 줄 아나?

처음 교사가 된 해는 누구에게나 잊을 수 없는 기억으로 남아 있을 것입니다. 저에게도 그해는 정말 특별했습니다. 제가 첫 발령을 받은 곳은 5, 6학년 두 반과 나머지 학년 한 반씩, 총 8학급으로 구성된 전교생 약 200명의 시골 학교였습니다. 제가 맡은 학급은 말썽꾸러기들로 가득한 4학년이었죠. 아마도 8명의 담임 교사 중 4명이 신규 교사였기 때문에, 남자 교사인 저에게 다루기 어려운 반을 맡긴 것 같았습니다.

"주 선생님, 우리 학교에 온 것을 환영합니다."
"반갑게 맞이해 주셔서 감사합니다."
"선생님은 체육 업무를 맡게 되었습니다."
"체육 업무요? 구체적으로 무엇을 하면 되나요?"
"간단해요. 운동회만 추진하면 됩니다."
간단하다던 체육 업무는 실제로 해보니 생소하고 복잡했습니다. 초·중 종합체육대회 인솔, 팝스(PAPS)[1] 구축, 줄넘기 대회 및 육상대회 지도, 직원 체육 운영 등 다양한 업무가 쏟아졌습니다. 매일같이 밀려드는 공문은 이해하기가 어려워 매번 부장 선생님을 찾아가기 바빴습니다. 작성한 공문과 계획서는 자주 반려되었고, 저는 "왜 교대에서는 이런 걸 가르쳐주지 않지?"라는 원망을 하기도 했습니다.

드디어 체육 업무의 꽃, 운동회가 다가왔습니다. 생전 처음 준비하는 운동회는 교직 생활의 첫 번째 큰 고비였습니다. 작년 계획서를 참고하며 선생님들의 도움을 받아 운동회를 준비하던 중, 위기가 찾아왔습니다. 전통과 형식을 중시하는 교감 선생님과 새로움을 추구하는 교장 선생님의 의견이 첨예하게 대립하였던 것입니다.

"교감 선생님, 운동회 종목을 정리해 보았습니다. 추가할 종목이 있을까요?"

"운동회에는 부채춤이 빠지면 안 되죠. 작년 계획을 참고해서 추가해 주세요."

"교장 선생님, 여기 운동회 계획입니다."

"작년이랑 똑같잖아요. 새로워야 학부모도 좋아하죠. 부채춤은 빼고 참신한 걸 넣어보세요."

두 분은 대화를 통해 문제를 해결하지 않고, 저를 중간에 둔 채 서로의 의견만 되풀이하셨습니다. 교무실과 교장실을 오가며 운동회 준비를 해야 했던 2주 동안, 저는 불면증이 심해졌습니다. 운동회 프로그램을 기획하고, 준비물을 구매하며, 내빈을 초대하고, 행진 연습을 주도하는 등 모든 일이 저에게는 처음이었습니다. 중요한 일을 잊을까 봐 밤마다 수첩과 펜을 머리맡에 두고 잠들었습니다. 잠결에 생각이 떠오르면 새벽에도 몇 번

---

1) 팝스(PAPS : Physical Activity Promotion System)는 학생들의 체력 상태를 측정하고 평가하기 위한 시스템으로, 학교 체육 시간에 활용됩니다. 심폐지구력, 근력, 유연성, 순발력 등 다양한 체력 요소를 측정해 학생들의 건강 상태를 파악하고 체력 증진을 위한 자료로 활용됩니다.

이고 깨어서 기록하곤 했습니다. 깊이 잠을 잘 수 없었고, 체중은 5kg이나 빠졌습니다. 피로가 쌓이다 보니, 의자에 앉아만 있어도 허벅지가 떨렸습니다. 결국 링거까지 맞아야 했습니다.

운동회를 마친 후, 입영 통지서를 받았습니다. 지쳐버린 저는 후련하게 입대를 하려 했습니다. 그러나 부장 선생님의 설득으로 입대를 겨울 방학으로 연기하게 되었고, 대신 1억 원 규모의 농산어촌돌봄학교[2] 사업을 맡게 되었습니다. 이렇게 두 번째 고비가 시작되었습니다.

우리 학교는 농산어촌돌봄학교로 지정된 4개 학교 중 거점학교였습니다. 즉, 저는 4개 학교의 여름 수영캠프, 가을 수련회, 겨울 스키캠프를 모두 기획하고 운영해야 했던 겁니다. 각 학교의 담당 선생님들과 협력하여 행사 일정을 조정하고, 계획서를 작성하며, 체험 장소와 숙박 시설을 계약하고, 캠프와 수련회를 추진했습니다. 여러 우여곡절 끝에 종합감사에서 경고를 받긴 했지만, 어떻게든 업무를 마무리할 수 있었습니다.

그 해, 인근 학교 선생님들로부터 신규 교사치고 일을 잘한다는 칭찬을 여러 번 들었습니다. 소문을 들은 다른 지역의 친구에게 연락을 받기도 했습니다. 하지만 저는 기쁘지 않았고, 오히려 허탈함이 느껴졌습니다.

제가 구슬땀을 흘리며 업무에 매달리는 동안, 저희 반 학생들은 점점 저에게서 멀어져 가는 것 같았습니다. 초과 근무를 해도 업무를 끝내기 벅차다 보니 수업 준비할 시간이 항상 부족했습니다. 준비된 재미있는 활동 대신 교과서 위주의 지루한 수업을 할 수밖에 없었습니다. 겨우겨우 마음을

---

2) 농산어촌돌봄학교는 농산어촌 지역 학생들에게 방과 후와 방학 중 돌봄 및 교육 프로그램을 제공하여 학습 격차 해소와 지역사회 활성화를 목표로 하는 사업입니다.

다잡고 수업에 집중하려고 해도, 교무실에서 걸려오는 전화가 분위기를 망치는 일도 다반사였습니다.

가뜩이나 힘들어하던 저에게 한 선생님이 이런 말을 했습니다.
"수업 잘한다고 누가 알아주는 줄 아나? 일을 잘해야 인정받지."
수업과 업무 사이에서 힘들어하던 저는 이 말을 듣고 더욱 깊은 고민에 빠졌습니다. 저는 학생들과의 수업을 위해 교사가 된 것인지, 아니면 끝없이 이어지는 업무를 처리하기 위해 교사가 된 것인지에 대한 회의감이 들기 시작했습니다. 더 이상 이대로는 있을 수 없다고 느낀 저는 겨울 방학이 시작되자마자 입대하기로 결심했습니다.

휴가를 나올 때마다 학급운영과 수업 노하우 등 선배 교사들의 지혜가 담긴 책을 한 권씩 구입했고, 시간이 날 때마다 밑줄을 그으며 읽었습니다. 복직 후에 어떤 방식으로 수업을 진행할지, 어떻게 학급을 운영할지 상상하며 계획을 세웠습니다. 관물대에는 어느새 20권가량의 책이 쌓였고, 전역을 앞두고 '업무보다 수업을 잘하는 선생님이 되어야지!'라고 다짐했습니다.

학교로 돌아와서는 '우선 수업부터 하고, 업무는 나중에 하자.'라는 마음가짐으로 수업에 집중했습니다. 확신에 찬 강한 의지 덕분인지 마음이 한결 편안해졌습니다. 비록 교육청에 제출해야 할 공문을 놓쳐 혼이 나기도 했지만, 학교생활이 전보다 훨씬 즐거워졌습니다. 그제야 비로소 '이게 내가 추구하던 교사의 삶이구나.'라는 깨달음을 얻을 수 있었습니다.

학교에 처음 발을 들인 신규 교사들은 대학교에서 배우지 못한 다양한 업무에 당황하곤 합니다. 종례 후나 쉬는 시간에도 업무에 치여 수업 준비에 충분히 집중하지 못할 때가 있습니다. 하지만 저는 관리자에게 업무를 잘한다는 칭찬을 받기보다는, 좋은 수업을 준비해 학생들이 알차게 배우는 모습을 보는 것이 훨씬 더 기뻤습니다. 교사의 진정한 보람은 잘 준비된 수업에서 학생들이 배우고 성장하는 모습을 지켜보는 데 있으니까요.

아이가 한 짓은 미워하되,
아이는 미워하지 말라

실습생이던 시절의 이야기를 해보려 합니다. 아마 두 번째 실습이었을 것입니다. 존경할 만한 성품을 지닌 담임 선생님이 계신 3학년 교실에 실습생으로 배정받았습니다. 짧은 시간이었지만, 교사가 가져야 할 덕목과 수업에 임하는 자세 등을 배울 수 있는 뜻깊은 시간이었죠.

첫 실습 수업을 하는 날이었습니다. 도덕 교과에서 '내 행동에 책임감을 가져야 한다.'는 학습 목표의 수업을 맡게 되었습니다. 며칠 전부터 열심히 수업을 준비하며 PPT 자료를 만들고 구체적인 수업 시나리오를 작성했습니다. 학생들에게 수업에 잘 참여하면 점심시간에 함께 축구를 하겠다는 달콤한 유혹도 던졌습니다.

그런데 수업 시작 몇 시간 전에 담임 선생님께서 갑자기 교육청에 급히 가야 한다며, 3~4교시 동안 학생들을 맡아달라고 부탁하셨습니다. 4교시에는 제 수업이 예정되어 있었는데 말이죠. 간절한 담임 선생님의 부탁에 두렵지만 믿음직한 목소리로 "저만 믿고 다녀오세요."라고 큰소리를 쳤습니다.

3교시는 국어 시간이었습니다. 담임 선생님께서 학생들에게 독후 활동을 과제로 내주셨기에 비교적 무난하게 진행될 것이라 생각했습니다. 그러나 제가 교실에 들어서자 학생들은 상황을 눈치챘는지 웅성거리더니 점차 날뛰기 시작했습니다. "자리에 앉아라, 책 읽어라."라는 저의 간절한 외침은 학생들의 귀에 들어가지 않는 듯했습니다.

한 아이가 갑자기 책장을 밟고 복도 쪽 창문을 넘으려 했습니다. 저는 당황하며 아이를 붙잡고 교실을 진정시키기 위해 애썼습니다. '그래, 수업이 재미없어서 그런 거겠지. 4교시 도덕 수업은 재미있게 준비했으니 잘 될 거야.'라고 스스로를 위로하며 종이 울리기만을 기다렸습니다.

드디어 3교시가 끝나고 4교시 시작종이 울렸습니다. 여러 번의 시도 끝에 한참 만에야 아이들을 자리에 앉히고 교과서를 펴도록 할 수 있었습니다. 칠판에 반듯하게 적은 학습 목표를 함께 읽으면서 아이들은 조금씩 안정감을 찾는 듯했습니다. 여기까진 계획대로 흘러갔습니다.

저는 동기 유발을 위해 준비한 재미있는 사진을 보여주며 질문을 던졌습니다.

"자, 여기 한 아이가 개구진 표정으로 도망가고 있고, 뒤에 쌓여 있는 우유 상자가 넘어지려고 하고 있어요. 1초 후에 어떤 일이 벌어질까요?"

"예전에 저런 거 봤어요!"

"어? 5학년 오빠 아니에요?"

"안 보여요!"

"야, 앞에 비켜! 나도 안 보여!"

한 아이가 사진이 보이지 않는다며 TV 앞으로 나오자, 너도나도 우르르 교실 앞으로 달려왔습니다. 교실은 순식간에 난장판이 되었고, 저는 아이들을 자리에 앉히고 진정시키느라 혼신의 힘을 다했습니다. 동기 유발을 위해 준비한 사진은 다섯 장이었는데, 마지막 사진을 보기도 전에 수업 종료 종이 울리고 말았습니다.

열심히 준비한 수업을 망쳤다는 좌절감과 두 시간 동안 아이들에게 시달려 망가진 멘탈에 손가락 하나 들 힘도 없이 지쳤지만, 쉴 수는 없었습니다. 담임 선생님을 대신해 급식 지도도 해야 했으니까요. 겨우 줄을 세워 급식실에서 식사를 시작하는데, 순식간에 식사를 마친 학생들이 제 주변에 하나둘 몰려들었습니다.

"선생님, 저희 오늘 잘했죠? 약속대로 같이 축구할 거죠?"

"선생님, 왜 이렇게 늦게 먹어요? 빨리 좀 드세요!"

몸도 지쳤지만, 아이들에 대한 실망감 때문에라도 함께 축구를 하고 싶지 않았습니다. 그러나 이렇게 천천히 먹다간 다른 반에 민폐가 될 것 같아 먹는 둥 마는 둥 하며 대충 식판을 정리하고 급식실을 빠져나왔습니다.

아이들이 저를 따라 나왔습니다. 점심시간만이라도 잠시 아이들로부터 떨어져 숨을 돌리고 싶었습니다. 담임 선생님이 언제 오실지 알 수 없었거든요. 마지막 남은 힘을 짜내어 빠른 걸음으로 아이들을 따돌리고, 학교에서 가장 으슥한 곳으로 도망쳤습니다. 1층 계단 밑에 숨어 아이들이 눈치챌까 봐 숨을 죽이고 있었는데, 우르르 몰려다니며 저를 찾아다니는 아이들의 목소리가 들려왔습니다.

"언니! 우리 반 선생님 진짜 최고다! 지금 술래잡기하고 있는데 혹시 봤어?"

몇 명의 제보자 덕분에 술래는 금세 붙잡히고 말았습니다. 운동장으로 저를 끌고 가려던 아이들과 버티려는 저의 팽팽한 줄다리기는 5교시 시작종이 울리고 나서야 끝이 났습니다. 겨우 교실로 아이들을 밀어 넣고, 혹시나 담임 선생님이 오실까 싶어 교실 문을 열고 복도를 살폈습니다. 그 순간, 선생님이 복도 끝에서 달려오시는데 후광이 비치는 것처럼 반가웠습니다.

"고생 많았으니 얼른 휴게실로 가서 쉬세요."

담임 선생님의 말씀에 애써 힘든 표정을 감추며 교실을 나왔습니다. 기진맥진한 채로 휴게실 책상에 엎드려 있으니 좌절감과 실망감이 밀려왔습니다. 이렇게 해서 진정한 교사가 될 수 있을지 저 스스로에게 의문이 들기도 했고, 저를 이렇게 힘들게 만든 아이들이 미워지기도 했습니다.

나중에 저를 찾아오신 담임 선생님은 자리를 비워서 미안하다며 제 인생에 가장 깊이 남는 말씀을 해주셨습니다.

"주 선생님, 애들이 밉죠? 그런데 아이들이 한 짓은 미워하되, 아이들은 미워하지 마세요. 아이들은 그저 사랑을 받고 싶어 하는 소중한 존재니까요."

그 말씀은 지금도 제 마음에 깊이 남아 있습니다. 학생들을 훈육할 때도 그 아이를 걱정하는 마음을 솔직하게 표현하려고 노력합니다.

"내가 너를 혼내는 이유는 너를 미워해서가 아니야. 나는 네가 다치지 않으면 좋겠어. 네가 위험한 물건을 가지고 놀다가 다치면 나는 정말 속상할 거야."

미운 행동을 한 학생을 단순히 미워해서는 긍정적인 변화를 기대할 수 없습니다. 잘못된 행동에 대해선 엄격하게 대처하되, 아이들에게는 열린 마음으로 다가가야 합니다. 그래야 아이들의 칭찬할 만한 점을 발견하고, 긍정적인 성장을 도와줄 수 있으니까요.

2장

역량이 꽃피는 교실을
만들고 싶어요!

[생각을 여는 질문]

우리나라 교육은

선생님들의 수만큼이나 다채롭다고 합니다.

그렇다면, 선생님의 교육은 어떤 색깔인가요?

교육과정, 수업과 평가, 그리고 학급운영에서 상담까지. 제가 실천하고 있는 학급 교육과정에는 모든 요소를 아우르는 하나의 큰 틀이 있습니다. 그것은 바로 '역량 중심 교육'입니다.

교육 현장은 늘 변화를 요구합니다. 학생들이 살아갈 미래는 현재와 다르며, 이에 맞춰 교육 또한 끊임없이 발전해야 한다고 생각합니다. 특히, 2015 개정 교육과정이 제시한 역량 중심 교육은 교사인 제게 큰 영감을 주었습니다. 그러나 단순히 이론적으로 접목하는 것을 넘어, 제 학급에서 실제로 구현할 수 있는 방법이 필요했습니다. 그래서 저는 교실 안에서 이 교육을 실천할 수 있는 구체적인 방안을 고민하기 시작했습니다.

긴 시간 동안 시행착오를 거치며 연구를 했습니다. 이론과 실제 사이의 간극을 좁히기 위해 많은 자료를 분석하고 동료 교사들과 의견을 나누었습니다. 수업과 활동을 설계하고 실행하며 매번 부족한 부분을 찾아 수정하기를 반복했습니다. 그 과정은 쉽지 않았지만, 학생들의 반응과 성장을 보며 확신을 갖게 되었습니다. 그렇게 해서 마침내 '역량 중심 교육'이라는 저만의 교육 철학과 방법을 학급 교육과정에 정착시킬 수 있었습니다.

이번 장에서는 역량 중심 교육을 바탕으로 학생들의 역량을 어떻게 키워주고, 행복한 학급 교육과정을 어떻게 만들어갈 수 있었는지를 구체적인 사례와 함께 소개하고자 합니다. 교실에서 학생들이 주체적으로 배우고 성장하는 모습을 통해 이 교육이 가져온 변화를 나누고자 합니다.

핵심역량, 가지를 뻗다

"선생님, 학부모들이 자꾸 평가에 대해 불만을 토로해요. 요즘 초등학생들은 시험도 안 보고, 학교에서 점수도 안 알려주니까 자녀가 잘하고 있는지 전혀 모르겠다고요."

"통지표의 수행평가에서 '잘함, 보통, 노력요함' 3단계로 평가 결과를 알려드리고 있잖아요."

"그런데 대부분 '잘함'으로 나오잖아요. 예전 같으면 80점을 받는 아이도, 100점을 받는 아이도 모두 '잘함'으로 표시되니까요."

"교과학습발달상황란에 학생의 수업 참여와 특성을 구체적으로 적어두었으니, 그걸 참고하면 되지 않을까요?"

"글을 읽어도 잘 모르시겠다네요. 예전처럼 점수로 딱 하고 나오면 좋겠다면서요."

몇 년 전, 초등학교에서는 국가 수준의 학업 성취도 평가가 폐지되었습니다. 그 이전까지는 중간고사와 기말고사 같은 시험을 통해 학생들의 학습 성취를 점수로 평가하여 가정에 알렸습니다. 그러나 경쟁을 완화하고 학생의 학습 과정과 능력을 중시하는 평가로 전환하면서 성취도 평가는 초등학교에서 사라지게 되었습니다.

학생들은 이를 반겼지만, 일부 학부모들은 불만을 표시했습니다. 시험이 없으면 공부에 소홀해지지 않을까 하는 우려와 함께, 성취도 평가 결과가 가시적인 점수로 통지되지 않으니 자녀의 학습 상태를 파악하기 어렵다는 불안감이 있었습니다.

저 역시 처음에는 수행평가만으로 학습 성취도를 평가하고 통지하는 것이 낯설었습니다. 그래서 형식적으로 이루어졌던 수행평가를 보다 제대로 운영하기 위해 고심했습니다. 수행평가 문항지를 만들 때부터 '어떻게 하면 제대로 평가할 수 있을까?'라는 고민을 거듭했습니다. 성취도 평가에 비해 상대적으로 소홀히 여겨졌던 수행평가를 그 목적에 맞게 운영하려니 쉽지 않았습니다.

수행평가 준비만큼 어려웠던 것은 결과 통지였습니다. 대부분의 학교에서 운영하는 '잘함, 보통, 노력요함'의 3단계 평가는 '잘함'과 '보통'의 기준 설정이 모호했습니다. 예를 들어, '줄넘기 2단 뛰기를 할 수 있다.'라는 평가 항목에서 2단 뛰기를 하지 못하면 '노력요함'으로 평가할 수 있지만, 1회라도 성공하는 경우 '보통'으로 평가할지, 또래 평균에 도달하면 '보통'으로 평가할지 애매했습니다.

한동안 교사들과 협의하여 3단계 대신 '성공, 도전' 2단계로 평가해 보기도 했습니다. 주어진 평가 기준에 도달했는지 여부만 판단하니 객관성이 높아졌고, 학생들도 수행평가 결과를 신뢰하였습니다. 그러나 학생들이 최소 기준만 충족하려는 경향을 보였고, 성취도가 높은 학생들을 특별히 인정해야 한다는 교사들의 의견에 따라 다시 3단계 평가 방식으로 돌아가게 되었습니다.

교과학습발달상황의 기록도 어려운 과제였습니다. 교과학습발달상황은 학생의 학습 태도와 과정 등을 서술하여 학습 발전에 도움을 주고, 학부모와의 소통을 목적으로 합니다. 그러나 긍정적인 표현만 사용해야 하는 한계가 있어 원하는 내용을 온전히 전달하기가 힘들었습니다. 그 결과, 수행평가 결과와 교과학습발달상황의 기록만으로는 학부모들이 자녀의 학습 상태를 명확히 파악하기 어려워 상담 때마다 "우리 아이가 잘하고 있는 건가요?"라고 묻는 경우가 많았습니다.

그렇다고 성취도 평가를 부활시켜 학생들을 점수로 줄 세우는 것도 바람직하지 않았습니다. 게다가 초등학교에서 학생들에게 국어, 수학, 사회, 과학, 영어 등 교과 지식만 가르치는 것도 아니라고 생각했습니다. 대화 예절, 책임감, 협동심과 같은 능력도 평가해서 학생과 학부모에게 알려주는 것이 맞지 않을까 하는 고민이 이어졌습니다. 그렇다면 어떻게 해야 할까요?

그러던 중에 교육과정이 2015 개정 교육과정으로 바뀌었습니다. 이때, 처음으로 낯선 용어를 듣게 되었습니다. 바로 '역량'이었습니다.

"선생님들, 2015 개정 교육과정 연수에 오신 것을 환영합니다. 이번에 바뀐 교육과정의 가장 큰 변화는 '역량'입니다. 그래서 이번 교육과정을 '역량 중심 교육과정'이라고도 부릅니다."

'역량? 또 뭔가 새롭게 등장했네?'

"역량은 학생들이 4차 산업혁명 시대를 대비해 갖추어야 할 능력을 말하는데요, 특히 학교에서 길러주어야 할 대표적인 역량을 뽑은 것을 '핵심역량'이라고 해요. 이 핵심역량은 너무 중요합니다…"

처음에는 또 새로운 것이 등장했구나 하고 대수롭지 않게 생각했습니다. 그런데 "핵심역량이 중요합니다.", "4차 산업혁명 시대에 우리 학생들에게 역량을 길러주어야 합니다."라는 말을 듣다 보니 관심이 생기기 시작했습니다.

학교 교육과정의 교육목표에 바라는 인간상과 함께 핵심역량이 자리 잡기 시작하였고, 수업 지도안에도 해당 수업에서 어떤 핵심역량을 길러줄지를 적는 칸이 생겼습니다. 처음에는 시키니까 억지로 찾아 넣었지만, 핵심역량을 적었다고 해서 실제로 그 역량이 길러지는 것은 아니었습니다. 기왕 할 거라면 제대로 하고 싶었습니다.

그래서 저는 역량을 학급 교육과정에 반영해보기로 했습니다. 학생들의 역량을 키워주는 '역량 중심 교육'을 만들기 시작했습니다. 역량이라면 교과학습뿐만 아니라 학생이 학교에서 길러야 할 중요한 요소들을 평가할 수 있을 것 같았기 때문입니다.

그렇다면 '역량'이란 무엇일까요? 이번에 새롭게 바뀐 2022 개정 교육과정에 따르면, 역량이란 학생들이 미래 사회에서 다양한 문제를 해결하는 데 필요한 지식, 기능, 태도, 가치를 통합적으로 활용하는 능력입니다. 예를 들어, 심폐 지구력이 뛰어난 학생이 있다고 하더라도, 실제 육상대회에서 그 능력을 발휘하지 못한다면 그저 '능력'에 그칠 뿐입니다. 반면, 실제 상황에 맞게 능력을 발휘하는 힘이 바로 '역량'입니다.

그렇다면 '핵심역량'이란 무엇일까요? 핵심역량은 우리나라 학생들이 미래 사회에서 창의융합형 인재로 성장하기 위해 반드시 갖추어야 할 6가지 역량입니다. 2022 개정 교육과정에서는 핵심역량으로 자기관리 역량, 지식정보처리 역량, 창의적 사고 역량, 공동체 역량, 협력적 소통 역량(2015 개정 교육과정의 의사소통 역량), 심미적 감성 역량을 선정하였습니다.

교육과정에 제시된 6개의 핵심역량은 그 범위가 넓어 교실 현장에서 즉시 활용하기에는 어려움이 있었습니다. 각 교과마다 교과역량이 설정되어 있긴 하지만, 역량은 단지 수업 시간에만 발현되는 것이 아니라 학교생활 전반에서 이루어져야 하므로 구체화된 기준이 필요했습니다. 이를 위해 다양한 자료를 참고하고 연구한 결과, 핵심역량을 구체적으로 나누어 다음과 같이 세부역량을 구성하였습니다.

[그림 1] 핵심역량별 세부역량(2022 개정 교육과정 버전)

세부역량 선정 시 주안점은 다음과 같습니다.[3]

– 핵심역량과의 연관성이 있는가?
– 초등학생들이 학습과 생활에서 발휘할 수 있는가?
– 미래 사회를 대비하기 위해 필수적으로 필요한 역량인가?

이렇게 세부역량을 구성하니, 포괄적이었던 핵심역량의 개념이 훨씬 구체화되었습니다. 이를 통해 학생들의 교육 활동을 보다 명확하게 분석할 수 있었고, 평가와 지도 또한 더욱 체계적으로 이루어질 수 있었습니다.

---

3) 세부역량을 선정할 때 참고한 자료로는 DeSeCo 프로젝트 관련 논문(소경희, 2007; 이광우 외, 2009; 이근호, 2013), OECD의 '21세기 기능과 역량' 보고서, 한국교육과정평가원(KICE)의 연구 보고서, 그리고 김유리(2021)의 '초등학교 교육과정에서의 핵심역량 기초 학습 능력 개발 연구'가 있었습니다.

자기관리 역량	자신이 어떤 사람인지 알고, 자신감 있게 미래를 계획하며 필요한 역량을 키워 스스로 살아갈 수 있는 역량	지식정보처리 역량	문제를 해결하기 위해 여러 가지 정보를 잘 이해하고, 그 정보를 비판적으로 살펴보며 활용할 수 있는 역량	창의적사고 역량	다양한 지식과 경험을 바탕으로 새로운 아이디어를 만들어내고, 문제를 창의적으로 해결하는 역량
시간관리 역량	주어진 시간을 잘 계획하고, 과제나 공부를 정해진 시간 안에 성실히 해내는 역량	기본학습 역량	읽고, 쓰고, 계산하는 기본적인 역량을 바탕으로, 학교에서 배우는 내용을 잘 이해하는 역량	창의성 역량	다양하고 새로운 각도로 관찰하고 그 속에서 새로운 의미를 찾아내는 역량
감정조절 역량	기분이 안 좋거나 화가 날 때, 그 감정을 잘 다스리고 마음을 안정시키는 역량	탐색및분석 역량	필요한 정보를 찾아보고, 그 정보를 잘 살펴서 유용한 내용을 뽑아내는 역량	과학적탐구 역량	궁금한 질문을 하고, 실험이나 관찰을 통해 그 답을 찾아내는 역량
목표설정 역량	내가 이루고 싶은 목표를 정하고, 그 목표를 달성하기 위해 계획을 세우는 역량	문제해결 역량	주어진 문제를 잘 이해하고, 이를 해결하기 위해 여러 가지 방법을 생각해내는 역량	수학적추론 역량	수학 문제를 보고, 어떻게 해결할 수 있을지를 생각하는 역량
자기평가 역량	나의 행동이나 학습을 돌아보면서, 잘한 점과 고쳐야 할 점을 찾아내는 역량	디지털활용 역량	컴퓨터나 인터넷을 사용하여 정보를 찾고, 이를 잘 활용하는 역량	비판적사고 역량	여러 가지 정보나 주장을 잘 생각해보고, 그것이 맞는지, 틀린지를 판단하는 역량
건강관리 역량	몸과 마음이 건강하게 유지되도록 규칙적인 생활을 하고, 올바른 습관을 만드는 역량(운동 수행 역량 포함)	논리적사고 역량	주어진 정보를 잘 생각하고, 그것을 바탕으로 합리적인 결론을 내리는 역량	기술적설계 역량	문제를 해결하기 위해 필요한 도구나 방법을 만들고 구상하는 역량

[그림 2] 핵심역량별 세부역량 소개 자료(자기관리 역량, 지식정보처리 역량, 창의적 사고 역량)

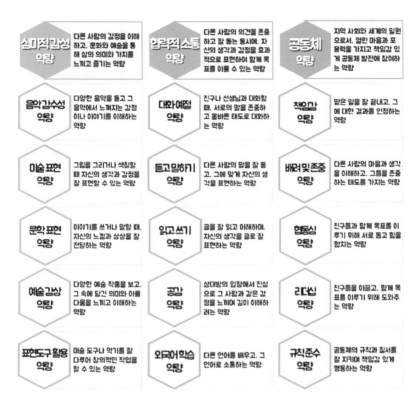

심미적감성 역량	다른 사람의 감정을 이해하고, 문화와 예술을 통해 삶의 의미와 가치를 느끼고 즐기는 역량	협력적 소통 역량	다른 사람의 의견을 존중하고 잘 듣는 동시에, 자신의 생각과 감정을 효과적으로 표현하여 함께 목표를 이룰 수 있는 역량	공동체 역량	지역 사회와 세계의 일원으로서, 열린 마음과 포용력을 가지고 책임감 있게 공동체 발전에 참여하는 역량
음악감수성 역량	다양한 음악을 듣고 그 음악에서 느껴지는 감정이나 이야기를 이해하는 역량	대화예절 역량	친구나 선생님과 대화할 때, 서로의 말을 존중하고 올바른 태도로 대화하는 역량	책임감 역량	맡은 일을 잘 끝내고, 그에 대한 결과를 인정하는 역량
미술표현 역량	그림을 그리거나 색칠할 때 자신의 생각과 감정을 잘 표현할 수 있는 역량	듣고말하기 역량	다른 사람의 말을 잘 듣고, 그에 맞게 자신의 생각을 표현하는 역량	배려및존중 역량	다른 사람의 마음과 생각을 이해하고, 그들을 존중하는 태도를 가지는 역량
문학표현 역량	이야기를 쓰거나 말할 때, 자신의 느낌과 상상을 잘 전달하는 역량	읽고쓰기 역량	글을 잘 읽고 이해하며, 자신의 생각을 글로 잘 표현하는 역량	협동심 역량	친구들과 함께 목표를 이루기 위해 서로 돕고 힘을 합치는 역량
예술감상 역량	다양한 예술 작품을 보고, 그 속에 담긴 의미와 아름다움을 느끼고 이해하는 역량	공감 역량	상대방의 입장에서 진실으로 그 사람과 같은 감정을 느끼며 깊이 이해하려는 역량	리더십 역량	친구들을 이끌고, 함께 목표를 이루기 위해 도와주는 역량
표현도구활용 역량	미술 도구나 악기를 잘 다루어 창의적인 작업을 할 수 있는 역량	외국어학습 역량	다른 언어를 배우고, 그 언어로 소통하는 역량	규칙준수 역량	공동체의 규칙과 질서를 잘 지키며 책임감 있게 행동하는 역량

[그림 3] 핵심역량별 세부역량 소개 자료(심미적 감성 역량, 협력적 소통 역량, 공동체 역량)

학기 초에 초등학생의 눈높이에 맞춘 '핵심역량별 세부역량 소개 자료'를 제작하여 활용하고 있습니다. 이 자료를 학생들과 함께 읽어보며 각 역량이 무엇을 의미하는지, 그리고 자신이 얼마나 그 역량을 갖추고 있는지를 스스로 점검해 보도록 했습니다.

학생들은 역량에 대해 알아보고 자신의 역량을 예측해보는 과정에 흥미를 느꼈습니다. 이러한 활동은 학생들에게 자신감을 심어주고, 앞으로 어떤 부분을 더 발전시켜야 할지 고민하게 만들었습니다.

핵심역량이라는 나무 기둥에서 세부역량의 가지가 뻗어나가며, 이제 나무의 형태를 완성했습니다. 이 가지들이 점차 성장해 무성한 나뭇잎과 열매를 맺으며 '역량'이라는 풍성한 숲을 이루어갈 준비를 마쳤습니다.

교육과정, 역량을 품다

　핵심역량을 교육과정, 수업, 평가에 반영하고 싶었습니다. 그러나 총론에서 강조된 핵심역량이 각론에서는 명확하게 드러나지 않아, 이를 교과 수업에 어떻게 적용할지 고민이 되었습니다. 살펴보니 총론의 핵심역량은 각 교과의 특성에 맞게 변형되어 교과역량으로 설정되어 있었습니다. 교과역량은 교과별로 학생들이 학습 과정에서 개발해야 할 구체적인 능력을 의미합니다.

　예를 들어, 초등 사회과의 교과역량은 창의적 사고력, 비판적 사고력, 문제해결 및 의사결정력, 의사소통 및 협업 능력, 정보 활용 능력으로 설정되어 있습니다. 이는 총론의 핵심역량과 유사하지만, 사회 교과의 특성에 맞게 구체화된 것입니다.

　교과역량은 성취기준과 밀접하게 연관되어 있습니다. 과거에는 '~할 수 있다.'라는 표현으로 성취기준을 제시하여 학생이 해당 능력을 가지고 있는지를 중시했으나, 역량을 반영한 2015 개정 교육과정에서는 '~한다.'와 같은 표현을 사용하여 실제 능력의 발휘 여부를 강조하고 있습니다.

　이 변화에 따라 저도 수업 목표를 단순히 '알거나 이해하는 것'에서 '실제로 할 수 있는 것'으로 전환했습니다. 이제는 지식을 단순히 평가하기보다는 학생들이 이를 실제로 활용할 수 있는지를 중점적으로 고려하여 수업을 설계하고 있습니다.

예를 들어, 국어 토론 수업에서는 예전에는 토론의 순서, 방법, 규칙을 잘 아는지에 집중했다면, 역량 중심으로 목표를 설정한 이후에는 학생들이 적극적으로 참여하고, 자신의 생각을 명확하게 표현하며, 타인의 의견을 경청하는 경험을 쌓도록 수업을 구성했습니다.

○○초 6학년	네트형 경쟁 활동지(배드민턴)	날짜 :

• 모둠명 :

※ 이기기 위한 전략

이름	전략	선택

※ 경기 결과

세트 상대팀	1세트		2세트		3세트		4세트		승리 횟수
점수									

※ 전략의 분석

전략	장점	단점

[그림 4] 역량 중심 수업 활동지(예시)

수업 목표를 역량에 맞추다 보니 교육과정을 재구성할 필요성이 자연스럽게 커졌습니다. 예를 들어, 체육과 성취기준인 '네트형 게임 방법에 대한 이해를 바탕으로 게임을 유리하게 전개할 수 있는 전략을 탐색하고 적용한다.'의 경우, 과거에는 배드민턴, 테니스, 탁구와 같은 네트형 게임의 기본 기능을 익히는 데 중점을 두었습니다. 그러나 역량 중심으로 재구성한 수업에서는 학생들이 팀원들과 전략을 상의하고 이를 실제 경기에 적용하는 활동에 초점을 맞추어 지도했습니다.

채점기준	핵심 역량	평가요소	배점				
			☆	◎	○	△	×
	분석적 이해	농구형 게임의 규칙과 방법을 아나요?	3	1	0	-1	-3
	건강관리	패스, 드리블, 슛의 기본자세를 익혔나요?	3	1	0	-1	-3
	비판적 사고	농구형 게임에서 이길 수 있는 방법을 찾을 수 있나요?	3	1	0	-1	-3
	기본	수행평가에 응시하였을 경우	3				

[그림 5] 역량을 평가요소로 반영한 루브릭 채점 방법

역량은 평가에서도 중요한 역할을 합니다. 이를 위해 루브릭 채점 방식을 도입하고 역량을 평가요소로 반영하였습니다. (수행평가에서 도입된 루브릭 채점 방식에 대해서는 뒤쪽에서 더 자세히 알려드리겠습니다.)

수업과 평가를 아우르는 교육과정에 역량을 반영하였습니다. 이 방식은 수업과 평가의 일관성을 높이는 데 크게 기여했습니다. 세부역량은 학습일지와 연계되어 점수화되었으며, 이를 통해 학급일지에 학생의 학습 활동을 체계적으로 기록할 수 있었습니다. 이러한 기록은 행동특성 및 종합의견뿐만 아니라 교과학습발달사항까지 역량을 기반으로 세밀하게 작성

할 수 있도록 도왔습니다.

교육과정은 이제 역량을 품고 있습니다. 이처럼 역량 중심의 수업과 평가를 실천함으로써 학생들에게 더 의미 있는 배움과 성장의 기회를 제공할 수 있습니다.

학급운영, 역량으로 성장하다

만약 제 교실에서 가장 특별한 것이 무엇인지 묻는다면, 저는 주저 없이 학급일지를 꺼내 보여줄 것입니다. 이 학급일지는 제가 운영하는 교육 활동, 즉 교육과정과 학급 경영의 모든 내용을 담아내고 있는 자료로, 핵심은 바로 '역량'입니다.

많은 선생님들이 학급일지를 활용하고 있습니다. 저 역시 초임 교사 시절, 옆 반 선생님께 기록의 중요성을 배우며 학급일지를 쓰기 시작했습니다. 매일 학생들의 수업 태도, 발표, 과제 수행 등을 점수화하여 기록했고, 일정 기간마다 이를 합산해 보상을 제공했습니다. 이러한 기록 덕분에 저도 학생들을 더욱 세심하게 지도할 수 있었고, 학생들도 자극을 받아 학교생활에 열심히 참여하게 되었습니다.

하지만 기존의 학급일지에는 아쉬운 점이 있었습니다. 학생이 높은 점수를 받더라도 무엇을 잘했는지, 어떤 부분이 부족한지를 한눈에 파악하기 어려웠습니다. 또한 시간이 지날수록 학생들이 점차 익숙해지면서 교육적 효과가 줄어들었습니다.

이러한 고민 끝에 저는 역량을 반영한 '행복성장 학급일지'를 만들게 되었습니다. 이 일지는 학생들이 역량을 통해 행복하게 성장할 수 있도록 돕고자 하는 마음을 담아 이름을 지었습니다.

[그림 6] 행복성장 학급일지 표지

[그림 7] 행복성장 학급일지 내지(2015 개정 교육과정 버전)

번호	이름	기본생활습관 태도	기초학습능력 발표	건강관리 자가진단	감정표현력 일기	뮤악적감성 진도아리랑 가장		창의성 아리랑개사	듣고말하기 토론			기본생활습관 청소
						시김새	자신감					
1	김○○	☆☆	◎	◎	×	2	2	1	2			◎
2	김○○	☆☆	◎+2	◎	☆	2	2	3	0			◎
3	이○○	☆☆	◎	◎	☆☆	1	0	0	0			◎

'행복성장 학급일지'는 매일 학생들의 활동 과정, 결과 및 태도를 점수화하여 기록합니다. 점수는 다음과 같이 구성했습니다.

매우 우수: ☆(5점), 우수: ◎(3점), 보통: ○(2점), 부족: △(-1점), 참여하지 않음: ×(-3점)

이 방식으로 기록하니 여러 가지 장점이 생겼습니다. 이전에는 모든 내용을 통합하여 기록하였으나, 이제는 세부역량별로 구분하여 보다 구체적인 피드백을 제공할 수 있게 되었습니다. 게다가 학생들은 학급일지를 수시로 확인하며 자신의 부족한 역량을 파악하고, 놓친 과제를 스스로 점검할 수도 있게 되었습니다.

학급일지에 역량별로 학생들의 활동을 기록하였으나, 이 기록만으로는 학생들의 역량 수준을 한눈에 파악하기는 어려웠습니다. 그래서 매달 엑셀 프로그램을 활용하여 통계를 내보았습니다. 이 통계에는 교실 수업뿐만 아니라 전담 수업, 방과 후 수업, 자치 활동, 동아리 활동의 내용도 포함하고 있습니다.

4월 김○○ 기본	자기관리역량					공동체역량					의사소통역량					심미적감성역량					창의적사고역량					지식정보처리역량				
	자아존중감	기본생활습관	기초학습능력	건강안전생활	진로개발	세계시민의식	생명존중배려	준법의식질서의식	활동능	리더십	효과적듣기	읽고쓰기	기초의사소통	말하기	공감	심미적감정	감정조절	표현표출능력	예술생활참여		비판적사고	문제발견	과학적추구	수렴적추구	출발적(유기)	정보매체소양	정보탐색활용	정보구조화	정보지식이해	문제해결
	5	5	5	5	5	5	5	5	5	5	5	5	5	5	5	5	5	5	5		5	5	5	5	5	5	5	5	5	5
04월 01일		-1	1	1							3					2	3							3						
04월 02일		1	1	7			6	3																4			3			4
04월 05일	2	1	1	0							2						3							1						
04월 06일		1	1	1							2								1					1						
04월 07일		1	1	1														3						1						
04월 08일		1	1	1												1		1												
02월 18일		1	1	4				3													1	2		1			1			
04월 12일		1	1	1												4														
04월 13일		1	1	1															1											
04월 14일		1	1	2				1											3						1					
04월 15일		1	2	3				2									3				2	3								
04월 16일		1	1	2																										
04월 19일		1	1	1												6	3		2											
04월 20일		1	1	1																										
04월 21일	2	1	1	1			3												1											1
04월 22일		1	1	2			1	2								6			1											3
04월 23일		1	1	3															1											
04월 26일		1	1	4				3		3						6			3			1	2				3			
04월 27일		1	1	1				3											3											
04월 28일		1	2	1								6						3	3											
04월 29일	3	1	1	1				3		3					1				5											
04월 30일		1	1	1			3																					4	3	
청소		10																												
다모임										20																				
방과후(코딩)		10														10		10								10				10
방과후(기악)								1	1																	10	10			
방과후(인라인)																														
방과후(독서)		9	10																10											
인라인선수		10																	10											
전담		32											30						30											
책카드												2																		
건강채움			8																10											

[그림 8] 역량 결산표(엑셀 프로그램)

통계 자료만 가지고는 아직 부족합니다. 이렇게 봐서는 가독성이 떨어집니다. 학생들이 자신의 역량을 더 쉽게 파악할 수 있으면 좋겠다는 생각이 들었습니다. 그래서 이 통계를 보기 좋게 그래프로 그려보았습니다.

[그림 9] 역량 그래프(앞면, 2015 개정 교육과정 버전)

이것은 앞선 통계 자료를 보다 쉽게 이해할 수 있도록 나타낸 '역량 그래프'입니다. 이제 훨씬 더 보기 좋아졌습니다. 오른쪽에는 한 달간의 세부 역량 점수가 기록되어 있으며, 왼쪽에는 방사형 그래프를 통해 학생의 핵심역량 수준을 한눈에 파악할 수 있도록 구성하였습니다. 초록색 기준선을 표시하여 학생들이 자신의 역량이 기준에 비해 어느 정도인지 쉽게 알 수 있도록 하였습니다.

여기서 끝이 아닙니다. 더 구체적으로 알려주고 싶은 내용이 많기 때문에 그래프의 뒷면에는 학생들이 강점을 보인 역량과 부족했던 역량을 분석한 내용을 추가했습니다. 예를 들어, 한 학생이 기초 학습 능력, 듣고 말하기, 협동심에서 강점을 보이고 건강 관리와 또래 관계에서 약점을 보였다면 이를 칭찬할 점과 조언할 점으로 구분하여 서술했습니다.

이 자료는 가정에 배부하거나 파일철에 보관하여 활용했습니다. 또한, 나이스(NEIS)[4]의 '행동특성 및 종합의견' 기록에도 유용하게 사용했습니다.

는 국어, 수학, 사회 등 주지 교과에서 암기력, 이해력, 문제해결력 모두 탁월한 능력을 보이며, 기초학습능력도 매우 단단하여 새로운 지식을 배우는데 어려움이 없습니다. 수업 시간에 적극적으로 자신의 생각을 발표하며, 모둠 활동이나 다모임 활동에도 친구들의 의견을 잘 수용하며 협동심을 보이고 있습니다. 모든 교과 중 수학 교과에서 또래에 비해 월등한 수학적 능력을 보이고 있으며, 스스로 더 어렵고 논리적인 문제를 찾아 해결하고자 하는 모습을 보이고 있습니다. 사회 수업에서 세계 지리, 문화에 대해 흥미를 보이며 풍부한 지식을 습득하고 있습니다.
  하지만 체육 시간에 공을 다루거나, 신체를 조절하는 능력이 부족하니 꾸준히 스포츠 활동에 참여하여 건강을 관리할 필요가 있습니다. 이번 달에는 유독 쉬는 시간에 친구들과 놀면서 짜증을 내거나 비난하는 말을 하여 지적을 받았습니다. 자신의 말과 행동에 책임을 질 수 있도록 노력하기 바랍니다. 미술 시간에 노력도 해보기 전에 자신이 못하는 것을 계속 드러내며 집중하지 못하여 아쉬웠습니다.

[그림 10] 역량 그래프(뒷면, 2015 개정 교육과정 버전)

역량 그래프를 통해 저뿐만 아니라 학생과 학부모도 몰랐던 학생들의 역량이 드러났습니다. 매달 학생들이 발전한 부분과 부족한 부분을 확인함으로써, 교사는 학생에게 구체적인 피드백과 적절한 칭찬을 할 수 있게 되었습니다. 이를 통해 학생들은 자신의 역량을 되돌아보고 미래를 준비할 수 있는 기회를 가질 수 있었습니다.

'행복성장 학급일지'는 단순한 기록이 아닙니다. 이는 학생들에게 미래로 나아가는 성장의 도구이자, 교사로서 제가 학급을 운영하는 데 있어 가장 소중한 자산이 되었습니다.

---

4) 나이스(NEIS)는 교육부가 운영하는 국가 교육행정정보시스템으로, 학생과 교사의 학사, 인사, 성적, 생활기록 등 다양한 교육 정보를 효율적으로 관리하고 제공하는 통합 시스템입니다.

역량 중심 교육,
가능성의 씨앗을 심다

역량을 교육과정, 수업, 평가뿐만 아니라 학급운영에까지 적용한 '역량 중심 교육'을 운영하면서 여러 장점을 발견했지만, 동시에 부족한 점도 느꼈습니다. 무엇보다 가장 큰 어려움은 교사에게 상당한 노력을 요구한다는 점이었습니다. 매일 학생들을 세심히 관찰하여 학급일지에 기록하는 일은 결코 간단하지 않습니다. 또한, 매달 점수를 합산하고 결산하는 과정 역시 많은 시간과 정성을 필요로 했습니다.

그래서 매 학년이 시작될 때마다 '올해는 역량 중심 교육을 그만둘까?' 라는 고민을 하곤 했습니다. 하지만 역량 중심 교육이 주는 여러 가지 장점 덕분에 결국 매번 마음을 다잡고 다시 시작하게 됩니다.

역량 중심 교육의 장점은 다음과 같습니다.

첫째, 역량 중심 교육을 통해 교육과정, 수업, 평가가 더욱 내실 있게 운영됩니다. 역량을 기반으로 교육과정을 재구성하고, 학생들이 실제로 자신의 능력을 발휘할 수 있는 수업을 진행하게 되었습니다. 또한, 세부역량에 따라 평가를 실시함으로써 구체적인 피드백이 가능해졌고, 전반적인 교육활동이 훨씬 더 알차게 이루어졌습니다.

둘째, 학급일지에 역량별로 기록하면서 학생들을 더욱 세심하게 관찰하게 되었습니다. 이를 통해 학생 개인별로 도움을 필요로 하는 점을 신속하게 파악하고 맞춤형 지도가 가능해졌습니다. 학생들도 선생님이 늘 지켜보고 기록한다는 사실을 인식하며, 스스로 행동에 더 신경 쓰는 모습을 보였습니다. 학생들이 과제나 안내장을 잊지 않고 챙기는 습관을 기를 수 있도록 지도하였으며, 반복적인 문제 행동을 교정할 수 있었습니다.

셋째, 상담 자료로서의 효과가 뛰어났습니다. 매달 가정에 배부되는 역량 그래프는 학생들이 학교에서 보여준 역량을 시각적으로 쉽게 파악할 수 있도록 도와줍니다. 이를 바탕으로 학생의 장점과 개선이 필요한 점을 구체적으로 안내할 수 있었으며, 학생 상담이나 학부모 상담 시에도 유용하게 활용되었습니다. 특히, 역량 그래프는 객관적인 자료로서 학부모의 신뢰를 얻어 상담의 효과를 더욱 높이는 데 기여했습니다. 이는 제가 역량 중심 교육을 지속하게 되는 가장 큰 이유가 되었습니다.

역량 중심 교육을 통해 학급 교육 활동에 새로운 도전을 해보았습니다. 물론, 이 방식은 한 학급에 한정된 시도였기에 객관성이 부족하고 보완이 필요한 부분이 많습니다. 그럼에도 불구하고 이러한 새로운 접근이 다른 선생님들에게 작은 참고가 되어 더 발전적인 방향으로 나아가는 발판이 될 수 있다면, 그 자체로 큰 의미가 있다고 생각합니다.

언젠가 알찬 열매가 맺히기를 바라며, 올해도 아이들의 마음에 '역량'이라는 가능성의 씨앗을 심어봅니다.

3장

배움이 가득한
수업을 하고 싶어요!

[생각을 여는 질문]

좋은 수업을 향한 선생님들의 노력은 끝이 없기에,

아이들은 그 배움 속에서 성장할 수 있습니다.

선생님께서는 '좋은 수업'이란 어떤 수업이라고 생각하시나요?

초등학교 수업은 쉬운 줄 알아?

"초등학교 수업은 그냥 기본적인 거만 가르치면 되니까, 교사들도 편하지 않나?"

"덧셈, 뺄셈 가르치는 건 나도 하겠다. 초등학교 선생님한테 전문성이 왜 필요해?"

"코로나 때 애들 학교 안 가도 인터넷으로 더 잘 배우더라. 학교에서 배우는 게 이젠 의미가 없지."

교육 관련 기사에서 초등학교 수업을 가볍게 여기는 댓글을 종종 볼 수 있습니다. 덧셈, 뺄셈 같은 기초적인 내용만 가르친다고 생각하니 교사의 역할도 쉽다고 여기는 것이죠. 코로나19로 인해 학생들이 등교하지 못하는 동안, 부모가 직접 가르치거나 인터넷을 통해 학습을 진행한 결과 성적이 오른 경우도 있었습니다. 이러한 사례들로 인해 초등교사의 역할이 필요하지 않다고 여기는 사람들도 있습니다.

하지만 한 교실에 약 20명의 초등학생들을 모아 직접 가르쳐 보면, 이러한 생각이 단순한 착각이었음을 깨닫게 될 것입니다. 매일 반복되는 수업이라도 학생들마다 반응이 다르고, 돌발 상황도 끊이지 않아서 늘 어렵습니다. 학생들이 배우든지 말든지 신경 쓰지 않는다면 모르겠지만, 아이들이 잘 배워서 바람직한 사회인으로 성장하기를 바라는 대부분의 교사들은 수업을 준비하고 운영하는 데 많은 시간과 노력을 쏟고 있습니다.

그렇다면 초등학교 수업이 어려운 이유는 무엇일까요?

초등학교 수업이 어려운 가장 큰 이유는 학생들 간의 발달 수준 차이 때문입니다. 한 학급 내에서도 어떤 학생은 알파벳조차 몰라서 ABCD부터 공부를 시작하는 반면, 다른 학생은 원어민 선생님과 프리토킹을 할 정도로 영어에 능숙합니다. 기초적인 읽기와 쓰기에 어려움을 겪는 학생이 있는가 하면, 고난도의 문제를 풀 수 있는 학생도 있습니다. 특히 초등학교에서는 학생들 간의 발달 수준 차이가 더욱 두드러지기 때문에, 교사는 이러한 차이를 수용하면서도 모든 학생이 참여하고 성취감을 느낄 수 있는 수업을 설계하고 운영해야 합니다. 이러한 과정에서 초등교사의 세심하고 유연한 역할이 필수적입니다.

혼자서 여러 과목을 가르쳐야 하는 점도 초등학교 수업의 어려운 점입니다. 중·고등학교 교사가 한 과목을 전문적으로 가르치는 것과 달리, 초등학교 교사는 약 10개의 다양한 과목을 담당합니다. 게다가 초등교사는 1학년부터 6학년까지 가르치기 때문에, 지도 대상의 스펙트럼이 교사 중에서 가장 넓습니다. 게다가 2월 말에 담당할 학년이 정해져서 짧은 준비 기간으로는 학년의 교과 내용을 완벽히 숙지하는 것조차 쉽지 않습니다. 이렇듯 다양한 과목의 특성과 폭넓은 학생 수준을 고려해 수업을 준비하고 운영해야 하기에, 초등교사의 역할은 더욱 복잡하고 세심함이 요구됩니다.

지식을 전달하는 것만큼이나 학생들의 정서를 관리하는 일도 수업에서 큰 어려움 중 하나입니다. 초등학생들은 감정 변화가 빠르고, 작은 자극에도 민감하게 반응하기 때문에 수업을 원활하게 진행하려면 학생들의 감정을 세심히 살펴야 합니다. 수학 공부에 흥미를 잃은 학생에게는 학습 동기를 부여하고, 체육 시간에 경기에 져서 화가 난 학생은 달래주어야 합니다. 모둠 활동 중에 다툼이 생기면 중재하고, 소외된 학생이 없는지 살피는 것도 교사의 중요한 역할입니다.

특히 학생들의 감정은 수업의 성공 여부에 큰 영향을 미치기 때문에 교사는 이를 조율하는 데 많은 에너지를 쏟아야 합니다. 감정 변화가 잦은 아이들에게는 때로는 기다려주고, 때로는 달래는 등 상황에 맞는 적절한 대처가 필요합니다. 그래서 정서적 관리는 단순한 지식 전달보다 훨씬 더 어려운 과제라고 생각합니다.

마지막으로 초등학생들은 예측 불가능한 행동을 자주 보입니다.

"여러분, 혹시 수영할 줄 아나요?"

"저 이번 방학에 수영장 갔다 왔어요."

"우리 삼촌은 물속에서 10분이나 잠수할 수 있어요."

"우리 옆집 오빠는 배영도 할 줄 알거든!"

"저는 수영 못해요."

저학년 학생들은 '수영'이라는 단어만 들어도 자신의 경험을 쏟아내기 바쁩니다. 이러한 대화가 이어지다 보면 수업 시간이 훌쩍 지나가기도 합니다. 교사는 이러한 돌발 상황에도 유연하게 대처하며 수업을 진행해야 합니다. 그러나 계획대로 진행되지 않는 경우가 빈번합니다.

초등학교 수업은 까다롭고 많은 노력을 필요로 하지만, 그만큼 보람도 큽니다. 열심히 준비한 수업에서 학생들이 적극적으로 참여하고, 배운 내용을 이해할 때의 기쁨은 말로 표현할 수 없습니다. 오늘도 초등학교 교사들은 아쉬움보다 보람이 더 큰 수업을 만들기 위해 최선을 다하고 있습니다.

초등학교 수업은 단순히 '기본적인 것'만 가르치는 것이 아니라, 학생들의 전인적 성장을 돕는 복합적인 과정입니다. 저는 많은 사람들이 이를 이해하고, 교사들의 헌신과 노력을 진심으로 응원해주기를 바랍니다.

좋은 수업을 찾아 한 걸음 한 걸음

"도시에서 나타나는 문제점은 인구가 많기 때문에 주로 생깁니다. 교과서 53쪽 3번째 줄을 밑줄 그으며 읽어볼까요? ○○아, 창문 밖에 그만 보고 교과서 봐야지."

"네, 죄송해요."

"탕! 와르르르(필통 떨어지는 소리)."

"아, 시끄러워. 선생님, 무슨 소리예요?"

"필통이 떨어졌나 보네."

"필통을 서랍에 넣어야지 왜 책상 위에 뒀냐?"

"지우개 꺼내려다 그랬지. 도와주지도 않을 거면서 왜 뭐라 하나?"

"자자, 얘들아. 필통 얘기 그만하고 수업에 집중하자."

처음에는 학생들을 한 시간 동안 의자에 앉혀 두는 것조차 어려웠습니다. 교과서에 나오는 내용을 설명하고 학생들에게 발표를 시키는 것도 벅찼습니다. 그저 오늘 준비한 수업을 무사히 마쳤다는 생각만으로도 큰 만족감을 느꼈습니다.

하지만 열심히 칠판에 판서하며 교과서의 중요한 문장에 밑줄을 그으라고 하는데도, 창밖을 멍하니 바라보는 아이들이 눈에 들어오기 시작했습니다. 필통이 책상 아래로 떨어지는 소리가 들리자, 아이들은 마치 기회가 찾아온 듯 재잘거리기 시작했습니다. 그 모습을 보며 제 수업이 얼마나 지루했을지 미안한 마음이 들었습니다.

그래서 지금보다 더 나은, 학생들이 더 잘 배울 수 있는 좋은 수업을 찾아보기 시작했습니다. 때마침 활동 중심의 재미있는 수업이 학생들의 흥미를 유발할 수 있다고 해서 한동안 놀이 수업에 빠진 적이 있었습니다. 칠판에 다트판을 그려 게임을 하기도 하고, 핵심 단어를 몸으로 설명하여 맞추기도 하며, 종이비행기에 문제를 적어 날려보기도 했습니다. 학생들은 놀이 수업을 정말 좋아했고, 저도 학생들이 즐거워하는 모습을 보며 뿌듯함을 느꼈습니다. 성취도 평가를 치기 전까지는 말이죠.

당시 초등학생들은 학기 말에 한 학기 동안 배운 내용을 점검하는 성취도 평가를 치렀습니다. 성취도 평가를 통해 각 학생의 성적이 점수로 명확히 드러났고, 놀이 수업이 실제로 학생들에게 학습 효과가 있었는지를 확인할 수 있었죠. 결과는 기대에 미치지 못했습니다. 학생들의 점수가 낮아졌고, 결국 부진한 학생들을 위해 별도의 보충 학습 시간을 마련해야 했습니다. 제가 했던 놀이 수업은 학생들에게 즐거움을 주었지만, 학습 효과는 부족했던 것 같습니다.

이후에도 PCK 수업 방법[5], 하브루타 질문 수업, 프로젝트 학습, 온책읽기 수업 등 다양한 수업 방식을 시도했습니다. 이런 경험을 통해 제가 생

---

5) PCK(Pedagogical Content Knowledge) 수업 방법은 교과 내용을 학생들이 쉽게 이해할 수 있도록 학생의 수준과 특성에 맞춰 적절한 비유, 사례, 질문, 교수 전략 등을 활용하여 가르치는 방식입니다.

각하는 좋은 수업이 어떤 모습인지 점차 명확해질 수 있었습니다. 이제 제가 생각하는 좋은 수업의 조건을 알려드리겠습니다.

첫 번째로, 좋은 수업은 학습 목표가 명확해야 합니다. 예를 들어, 손님에게 요리를 대접한다고 가정해 보겠습니다. 시간이 넉넉하다면 식탁 주변을 예쁘게 꾸미고 장식품도 손보며 준비할 수 있겠죠. 하지만 시간이 촉박하다면 요리에만 온전히 집중해야 할 것입니다. 마찬가지로 수업도 정해진 시간이 있으며, 학생들에게 가르쳐야 할 내용이 방대하기 때문에 여유가 부족합니다. 학습 목표가 명확하지 않으면 수업의 흐름이 방향을 잃거나, 시간이 부족해서 충분한 학습이 이루어지지 않을 수도 있습니다.

그래서 저는 수업 계획 단계에서 성취기준에 따라 학습 목표를 명확히 설정하려고 노력합니다. 이렇게 학습 목표를 분명히 정하면 학생들이 도달할 수 있는 가장 효과적인 학습 순서와 수업 방법을 선택하는 데 수월해집니다.

수업을 시작할 때 판서한 공부할 문제를 학생들과 함께 읽어보고, 빈칸에 들어갈 단어를 추론해 보며 학습 목표를 확인하는 시간을 가집니다. 목표가 분명하면 학생들은 자신이 무엇을 배워야 하는지 알게 되어 학습에 집중할 수 있기 때문입니다.

두 번째로, 좋은 수업은 교사, 학생, 환경에 적합한 수업 방법이 운영되어야 합니다. 질문을 통해 학생들이 스스로 깊이 있는 학습을 유도하는 하브루타 질문 수업은 매우 효과적인 방법입니다. 예술과 창의적 표현 활동을 중심으로 학생의 전인적 발달을 이끄는 발도로프 수업 또한 교육적 가치가 높습니다. 더불어 실제적인 문제를 팀 학습을 통해 경험하며 배우는 문제해결 중심의 액션 러닝도 추천할 만한 수업 방법입니다.

하지만 그러한 수업을 진행하기 위해서는 우선 교사의 수업 역량이 갖추어져야 합니다. 교사는 자신이 선택한 수업 방법의 특성을 잘 이해하고, 효과적으로 가르칠 수 있는 단계에 맞게 수업을 진행할 수 있어야 합니다. 만약 교사가 해당 수업 방법에 대해 잘 알지 못한 채 학생들에게 적용하면 기대효과를 얻기 힘들 것입니다.

교사가 선택한 수업 방법이 우리 반 학생들의 학습 성향이나 수준에 맞아야 합니다. 말하기를 좋아하고 질문에 익숙한 학생들에게는 하브루타 수업이 효과적이었습니다. 반면, 호기심이 많고 직접 해봐야 직성이 풀리는 학생들에게는 하브루타 수업보다 액션 러닝 수업 방법이 더 적합했습니다.

전자 기기와 교실 환경 등 교육 여건이 해당 수업을 원활하게 진행할 수 있도록 갖추어지는 것도 중요합니다. 코로나19 시기에 대면 수업의 대안으로 떠오른 메타버스 활용 수업[6]을 시도해보았으나, 가정에 인터넷이 구축되지 않은 학생들이 있어 실패한 경험이 있었습니다.

때로는 주입식 교육이라고 비난받는 강의식 수업이 가장 효과적일 때도 많습니다. 제가 가장 좋아하는 역사 수업은 스토리텔링을 기반으로 한 강의식 수업으로, 학생들을 쉽게 몰입하게 만들 수 있어 다른 수업 방법에 대한 고민이 필요하지 않았습니다. 즉, 수업에는 정해진 정답이 없으며, 교사의 역량과 학생들의 학습 특성, 교육 여건에 맞는 방법을 선택하는 것이 진정으로 좋은 수업이라고 할 수 있습니다.

---

6) 메타버스 활용 수업은 가상 공간에서 아바타를 통해 학생들이 실시간으로 상호작용하며 몰입형 학습 경험을 제공하는 디지털 기반 교육 방식입니다.

세 번째로, 좋은 수업은 학생들이 배우는 과정에서 즐거움을 느껴야 합니다. 재미있는 놀이가 학습에 잠깐의 즐거움을 줄 수는 있지만, 그것이 곧장 학습의 즐거움으로 이어지지는 않습니다. 학생들의 지속적인 학습 동기를 자극하기 위해서는 새로운 지식을 탐구하며 호기심을 자극하고, 학습 과정에서 성취감을 경험할 수 있도록 하는 것이 중요합니다.

배우는 즐거움을 느끼게 하는 방법은 여러 가지가 있습니다.

학습의 소재를 학생의 주변에서 찾거나, 배운 내용을 실생활에 적용하면 학습 동기가 높아질 수 있습니다. 예를 들어, 음악 시간에는 학생들이 좋아하는 노래를 리코더로 연주하게 하고, 과학 시간에는 별자리에 대해 배운 뒤, 밤하늘에서 직접 별자리를 관찰해 보게 할 수도 있습니다. 이러한 활동은 학습의 흥미를 배가시킵니다.

또한, 배운 내용을 다른 교과와 연결하여 지식 융합의 경험을 제공하면 배움의 폭이 더욱 넓어집니다. 예를 들어, 과학 시간에 배운 속도를 구하는 방법을 체육 시간의 오래달리기 활동에 적용해 평균 속도를 계산해 볼 수 있습니다. 학생들은 자신의 기록을 분석하며 현재 수준을 파악하고, 이를 바탕으로 다음 목표를 설정할 수 있습니다. 이처럼 서로 다른 지식이 연결될 때, 학습은 더욱 의미 있게 다가옵니다.

처음부터 지적 호기심을 자극하는 자료를 제시하는 것도 매우 효과적입니다. 예를 들어, 사회 시간에 독도와 관련된 고지도와 고문서를 학생들에게 나누어 주고, 이 자료들 중에서 독도가 우리나라의 땅이라는 증거를 찾아보도록 했습니다. 이후 각 자료의 의미를 해석하며 독도가 우리나라의 땅임을 하나씩 알아가도록 수업을 진행했습니다. 이렇게 했더니 단순히 정보를 전달했을 때보다 학습 참여도와 성취도가 훨씬 높아졌습니다.

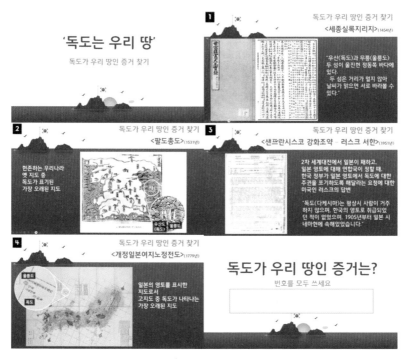

[그림 11] '독도는 우리 땅' 수업 자료

네 번째로, 좋은 수업은 학생들이 교사에 대해 신뢰감을 느낄 수 있어야 합니다. 학생들은 "우리 선생님의 수업에 참여하면 나도 잘 배울 수 있어." 라는 신뢰감과 긍정적인 마음을 가질 때 학습에 더 몰입하게 됩니다. 이를 위해서는 평소 학생들과의 라포[7]를 형성하는 것이 중요하지만, 교사가 가르치려는 내용을 충분히 이해하고 해당 분야에 대한 전문성을 갖추는 것 역시 필수적입니다.

---

7) 라포(Rapport)는 신뢰와 공감을 바탕으로 형성된 관계로, 상호 간에 편안하고 열린 소통이 가능하도록 만드는 심리적 연결 상태를 의미합니다.

가끔 "교사가 모든 것을 잘할 필요가 있을까요? 요즘은 유튜브나 교육용 사이트에 더 좋은 자료가 많으니 그것을 활용하면 되지 않을까요?"라고 말씀하시는 선생님도 계십니다. 물론 이러한 자료를 활용하는 것도 효과적일 수 있습니다. 하지만 아무리 잘 만들어진 영상이라도, 교사가 직접 시범을 보이는 것만큼 학생들에게 몰입감과 신뢰를 주지는 못합니다. 게다가 교사가 직접 수업 과정을 경험해야 학생들이 어려워하는 부분을 더 정확하게 파악할 수도 있습니다.

저는 특히 음악, 미술, 체육, 실과 교과에서 교사의 수행 역량이 매우 중요하다고 생각합니다. 그래서 오랜 시간 동안 꾸준히 연습하며 제 역량을 키워왔습니다. 예를 들어, 음악 시간에는 장구와 기타로 반주하며 수업을 진행하고, 미술 수업에서는 세밀화, 수묵화, 서예, 판화 등의 작품을 직접 제작하여 학생들에게 예시로 보여줍니다. 체육 시간에는 스포츠 강사와 협력하면서도, 교사로서 주도적으로 수업을 이끌기 위해 평소 체조, 배드민턴, 농구, 태권도 등 다양한 운동 능력을 꾸준히 연마하고 있습니다.

교사가 직접 역량을 발휘하는 모습을 보여줄 때, 학생들은 교사에 대한 신뢰를 바탕으로 더욱 적극적으로 학습에 참여하게 됩니다. 이는 단순히 지식을 전달하는 것을 넘어, 학생들이 "나도 선생님처럼 해낼 수 있다."는 자신감을 키우는 데에도 큰 역할을 합니다.

마지막으로, 좋은 수업은 수시로 평가와 피드백이 이루어져야 합니다. 한 교실에는 다양한 학습 수준을 가진 학생들이 모여 있습니다. 어떤 학생은 오늘 배운 내용을 정확히 이해하고 문제 상황에 응용할 수 있지만, 다른 학생은 거의 기억하지 못할 수도 있습니다.

"자, 지금 가르쳐준 내용 다 알겠나요?"

"네!"

"내용이 이해 안 되는 사람은 질문해도 돼요. 질문할 사람?"

"없어요!"

학생들의 말을 곧이곧대로 믿어서는 안 됩니다. 알겠다고 대답한 학생들 중에서도 실제로 내용을 제대로 이해하지 못한 경우가 많습니다. 사실 학생들도 자신이 진짜 아는지, 모르는지 명확히 파악하지 못할 때가 있습니다. 따라서 교사는 중간중간 학생들의 이해도를 점검하고, 필요에 따라 부연 설명이나 예시를 통해 피드백을 제공해야 합니다.

학생들의 이해도를 확인하는 방법은 다양합니다. 가장 간단한 방법은 교사가 학생들의 학습 과정을 관찰하는 것입니다. 이 외에도 질문을 통해 학생들의 대답을 듣고 평가하거나, 형성 평가를 활용하는 방법, 문제해결 과정을 학생이 직접 설명하게 하는 방법, 또는 배운 내용을 공책에 정리하도록 하는 방법 등이 있습니다. 이처럼 지속적으로 피드백을 제공하며 학생들의 학습 상태를 점검해야 합니다. 이를 통해 부족한 부분을 채울 기회를 제공하고, 학습의 완성도를 높일 수 있습니다.

저 역시 여전히 부족함을 느끼며 다양한 연수와 동료 선생님들의 수업을 통해 배우고 있습니다. 하지만 작년보다 학생들이 더 잘 이해하고 새로운 내용을 흥미롭게 배우려는 모습을 볼 때면, 조금씩 더 나은 수업에 가까워지고 있다는 생각이 듭니다. 결국, 학생들이 더 잘 배우기를 바라고 교사의 끊임없는 노력과 열정이야말로 가장 좋은 수업을 만들어가는 힘이라고 생각합니다.

교육과정 재구성에
푹 빠져버렸어

2014년, 저는 연구학교에서 근무하고 있었습니다. 그 해, 학교의 연구 주제는 '보고 느끼고 즐기는 내 고장 전통문화예술'이었습니다. 어느 날, 출장에서 돌아온 연구부장 선생님께서 말씀하셨습니다.

"이제 우리도 교육과정 재구성을 해야 합니다."

저희는 어리둥절한 표정으로 되물었습니다.

"교육과정 재구성? 그게 뭔가요?"

연구부장 선생님께서는 교육과정 재구성의 개념을 차근차근 설명해 주셨습니다. 교육과정 재구성이란 기존의 교육과정을 정해진 순서대로 운영하는 틀에서 벗어나, 주제에 따라 단원이나 차시의 순서를 조정하거나, 필요에 따라 시수를 늘리거나 줄이는 방식을 말합니다. 이와 함께, 여러 교과를 유기적으로 연계하여 창의적인 프로젝트 수업을 구성하는 것도 교육과정 재구성의 중요한 요소에 포함됩니다.

사실 이 글을 쓰기 전까지 저는 '프로젝트 수업'이라는 용어를 자주 사용했습니다. 그러나 자료를 찾아보고 관련 책을 읽으면서, 그동안 제가 진행했던 수업이 실제로는 '주제 중심 통합 수업'에 더 가까웠다는 사실을 깨닫게 되었습니다.

프로젝트 수업은 학생들이 주체가 되어 실제 문제를 해결하는 방식의 수업을 의미합니다. 반면, 제가 실천했던 방식은 교육과정을 재구성하여 여러 교과나 단원을 통합적으로 가르치는 데 중점을 두고 있어서 차이가 있습니다. 그럼에도 불구하고, 이 글에서는 독자들의 이해를 돕기 위해 교육과정을 재구성하여 여러 교과나 단원을 통합적으로 가르치는 방식을 통칭하여 '프로젝트 수업'이라고 부르도록 하겠습니다.

교육과정 재구성을 처음 시도했을 때가 생각이 납니다. 당시 4학년 학생들은 방과 후 수업 시간에 국악기(가야금, 거문고, 아쟁, 해금 등)를 배우며 국악관현악 합주를 하고 있었습니다. 그래서 '국악관현악'을 주제로 국어의 연극 단원, 사회의 우리 지역 문화유산 단원, 음악의 영화 음악 단원을 연계하여 뮤지컬 형태의 프로젝트 수업을 진행하기로 결정했습니다.

먼저 국악 동요 〈아리랑〉, 〈소금장수〉, 〈산도깨비〉를 중심으로 모둠을 나누고, 각 모둠이 노랫말에 맞는 연극 대본을 작성하도록 하였습니다. 〈소금장수〉와 〈산도깨비〉 모둠은 전래동화와 같은 이야기를 창작하였고, 〈아리랑〉 모둠은 창작 동화 느낌의 이야기를 만들어냈습니다.

대본 작성이 완료된 후, 학생들은 국악기로 배경 음악을 연주하고 이를 녹음하여 연극에 활용했습니다. 미술 시간에는 무대 배경과 의상을 제작하며 준비 과정을 더욱 풍성하게 만들었습니다. 여러 차례의 연습을 거친 끝에 마침내 무대에 올렸습니다. 당시 2주 동안 전담 수업 시간을 제외한 모든 시간을 이 프로젝트 수업에 투입했기에 학생들의 몰입도는 상당히 높았습니다. 그러나 차시가 길어지면서 일부 학생들이 지루해하는 모습도 보였습니다.

그럼에도 불구하고, 4학년 학생들의 열정적인 연극 무대는 저에게 큰 감동을 주었습니다. 학생들이 몰입하고 성취감을 느끼는 모습을 보았을 때, 그동안의 어려움과 고민은 모두 보람으로 바뀌었습니다. 그 뿌듯함은 지금도 잊을 수 없습니다. 이 경험은 제게 큰 전환점이 되었습니다. 그 이후로 저는 어떤 학교에 가든 주저하지 않고 교육과정을 재구성하여 프로젝트 수업을 자신 있게 진행할 수 있게 되었습니다.

최근 교육청에서도 교육과정 재구성을 적극적으로 권장하고 있으며, 많은 선생님들이 다양한 방식으로 자신만의 교육과정을 만들어가고 있습니다. 그러나 여전히 교육과정 재구성에 대해 두려움을 느끼거나 어려움을 겪는 선생님들도 계십니다. 그래서 저는 교육과정 재구성을 통해 한 해를 준비하는 저만의 과정을 소개하려고 합니다.

① 성취기준 분석하기

교육과정 재구성의 첫걸음은 각 교과의 성취기준을 분석하는 것입니다. 많은 연수에서 성취기준의 중요성을 강조했지만, 여전히 교과서에만 의존하여 수업을 진행하는 경우가 많습니다. 저 또한 교과서 중심으로 수업을 하다가 어느 순간 한계를 느끼기 시작했습니다. 그래서 성취기준을 분석하기 시작했고, 이를 통해 수업의 방향성을 조금씩 잡아나갈 수 있었습니다.

성취기준을 분석하면 여러 가지 장점이 있습니다. 우선, 학생들에게 가르쳐야 할 핵심 내용을 명확히 파악할 수 있습니다. 예를 들어, 국어과의 '이야기의 흐름을 파악하여 이어질 내용을 상상하고 표현한다.'라는 성취기준은 학생들이 이야기의 시간, 장소, 인물의 감정 변화를 이해하고(이야기의 흐름을 파악하여), 그 흐름을 바탕으로 이어질 내용을 상상하여(이어질 내용을 상상하고) 글을 쓰거나 연극을 해야 한다(표현한다)는 것을 알려줍니다.

이처럼 성취기준을 분석하면 교과서에만 의존하지 않고 더 나은 수업 자료와 방법을 고민할 수 있습니다. 예컨대, 위의 성취기준에 도달하기 위해 시간, 장소, 인물의 감정 변화를 선명하게 드러낸 이야기를 선별하여 학생들과 함께 깊이 있게 탐구하는 활동을 구성할 수 있습니다.

국어

[4국01-01]
대화의 즐거움을 알
고 대화를 나눈다.

[4국01-02]
회의에서 의견을 적
극적으로 교환한다.
(6회의)

[4국01-03]
원인과 결과의 관계
를 고려하여 듣고 말
한다.

[4국01-04]
적절한 표정, 몸짓,
말투로 말한다.
(3발표, 10만화)

[4국01-05]
내용을 요약하며 듣
는다.
(2요약)

[4국01-06]
예의를 지키며 듣고
말하는 태도를 지닌
다.
(3발표, 6회의, 9한글)

[4국02-01]
문단과 글의 중심 생
각을 파악한다.

[4국02-02]
글의 유형을 고려하
여 대강의 내용을 간
추린다.
(2요약)

[4국02-03]
글에서 낱말의 의미
나 생략된 내용을 짐
작한다.
(7사전)

[4국02-04]
글을 읽고 사실과 의
견을 구별한다.
(4의견)

[6국02-05]
읽기 경험과 느낌을
다른 사람과 나누는
태도를 지닌다.
(1문학)

[4국03-01]
중심 문장과 뒷받침
문장을 갖추어 문단
을 쓴다.

[4국03-02]
시간의 흐름에 따라
사건이나 행동이 드
러나게 글을 쓴다.

[4국03-03]
관심 있는 주제에 대
해 자신의 의견이 드
러나게 글을 쓴다.
(4의견, 6회의, 8제안)

[4국03-04]
읽는 이를 고려하며
자신의 마음을 표현
하는 글을 쓴다.
(3발표)

[4국03-05]
쓰기에 자신감을 갖
고 자신의 글을 적극
적으로 나누는 태도
를 지닌다.
(독서, 5상상)

[4국04-01]
낱말을 분류하고 국
어사전에서 찾는다.
(7사전)

[4국04-02]
낱말과 낱말의 의미
관계를 파악한다.
(7사전)

[4국04-03]
기본적인 문장의 짜
임을 이해하고 사용
한다.
(8제안)

[4국04-04]
높임법을 알고 언어
예절에 맞게 사용한
다.

[4국04-05]
한글을 소중히 여기
는 태도를 지닌다.
(9한글)

[4국05-01]
시각이나 청각 등 감
각적 표현에 주목하
며 작품을 감상한다.

[4국05-02]
인물, 사건, 배경에
주목하며 작품을 이
해한다.

[4국05-03]
이야기의 흐름을 파
악하여 이어질 내용
을 상상하고 표현한
다.
(2요약, 5상상)

[4국05-04]
작품을 듣거나 읽거
나 보고 떠오른 느낌
과 생각을 다양하게
표현한다.
(1문학, 10만화)

[4국05-05]
재미나 감동을 느끼
며 작품을 즐겨 감상
하는 태도를 지닌다.
(독서, 5상상)

[그림 12] 3~4학년군 4학년 1학기 국어과 성취기준 분석하기

저는 국어과 성취기준을 분석할 때 각 성취기준과 단원의 연계성을 명확히 기록합
니다. 이를 위해 [그림 12]와 같이 성취기준 목록을 정리하고, 지도서를 참고하여 해
당 성취기준이 어떤 단원에서 다뤄지는지를 표시합니다.

예를 들어, 국어과의 '회의에서 의견을 적극적으로 교환한다.'는 성취기준이 6단원(학

급 회의하기)에서 다루어진다는 걸 알 수 있죠. 이렇게 정리해 두면 해당 학기에서 중점적으로 가르쳐야 할 성취기준과 다루지 않는 성취기준을 쉽게 구분할 수 있습니다.

또한, 하나의 성취기준이 여러 단원에 걸쳐 다뤄지는 경우, 이를 통합하여 수업을 재구성할 수 있습니다. 예를 들어, '관심 있는 주제에 대해 자신의 의견이 드러나게 글을 쓴다.'는 국어과의 성취기준은 4단원(의견이 드러나는 글쓰기), 6단원(학급 회의하기), 8단원(제안하는 글쓰기)에서 반복적으로 다뤄집니다. 이 경우, 세 단원을 통합하여 수업을 구성하면 학생들이 동일한 주제를 보다 체계적이고 심층적으로 탐구할 수 있습니다.

성취기준을 분석하다 보면 동일한 주제를 가진 서로 다른 교과의 성취기준을 발견할 수 있습니다. 예를 들어, 도덕과의 '도덕적 상상하기를 통해 바람직한 통일의 올바른 과정을 탐구하고, 통일을 이루려는 의지와 태도를 가진다.'는 성취기준과 사회과의 '남북 통일을 위한 노력을 살펴보고, 지구촌 평화에 기여하는 통일 한국의 미래상을 그려본다.'는 성취기준은 모두 '통일'을 주제로 하고 있습니다.

이와 같이 유사한 주제를 가진 성취기준은 하나의 프로젝트 수업으로 묶어 진행하면 학생들의 몰입도와 학습 효과를 높일 수 있습니다. 예를 들어, 도덕과 사회 교과에서 분단, 통일, 다문화, 세계화와 같은 주제를 중심으로 프로젝트 수업을 구성하면, 학생들은 다양한 관점에서 주제를 탐구하며 심화된 학습을 경험할 수 있습니다.

② 주제 중심으로 성취기준 모아 보기

교과별 성취기준을 분석한 후에는 주제 중심으로 여러 교과의 성취기준을 모아봅니다. 이를 통해 다양한 교과를 통합적으로 다룰 수 있는 프로젝트 수업을 계획할 수 있습니다. 물론 반드시 프로젝트 수업을 진행해야 하는 건 아니지만, 교사가 강조하고 싶은 주제가 있는 경우 차시를 조정하여 프로젝트 수업으로 구성하면 더욱 풍성한 수업을 만들 수 있습니다.

	사회	기타
경제 성장으로 나타난 문제점	**[6사06-04]** 광복 이후 경제 성장 과정에서 우리 사회가 겪은 사회 변동의 특징과 다양한 문제를 살펴보고, 더 나은 사회를 만들기 위하여 해결해야 할 과제를 탐구한다. **[추천활동]** 경제 성장으로 나타난 문제점 (경제적 양극화, 노사 갈등, 환경 오염) NIE 수업(어린이 동아일보)	**미술 [6미02-01]** 표현 주제를 잘 나타낼 수 있는 다양한 소재와 방법을 탐색할 수 있다. **도덕 [6도03-02]** 올바른 삶에 매우 중요한 도덕적 성찰의 방법을 익혀 생활 속에서 꾸준히 실천할 수 있다.
	국어 **[6국01-06]** 드러나지 않거나 생략된 내용을 추론하며 듣는다. **[6국02-02]** 글의 구조를 고려하여 글 전체 내용을 요약한다. **[6국05-06]** 작품에서 얻은 깨달음을 바탕으로 하여 바람직한 삶의 가치를 내면화하는 태도를 지닌다. **[추천활동]** 표지 보고 내용 예상하기 감정의 변화, 시간의 변화(글의 구조)에 따라 내용 요약하기 전태일이 생각하는 바람직한 삶의 가치 알아보기	우리는 내일의 **전태일**입니다

[그림 13] '경제 성장으로 나타난 문제점' 중심으로 성취기준 모아 보기

[그림 13]은 '경제 성장으로 나타난 문제점'이라는 주제를 중심으로 성취기준을 모아본 것입니다. 우리나라는 전쟁 이후 극심한 빈곤을 겪었으나, 국민들의 노력과 헌신으로 눈부신 경제 성장을 이루어냈습니다. 이른바 '한강의 기적'으로 불리는 이 경제 성장은 우리 사회에 많은 긍정적인 변화를 가져왔지만, 동시에 다양한 문제점도 함께 나타났습니다. 대표적으로 경제적 양극화, 노사 갈등과 노동 인권 침해, 환경오염과 같은 사회적 문제가 이에 해당합니다.

초등학생들이 이러한 내용을 배우는 데 어려움을 겪고 있어, 좀 더 쉽게 가르쳐 보자는 생각으로 성취기준을 모아보았습니다. 저는 사회과의 '광복 이후 경제 성장 과

정에서 우리 사회가 겪은 사회 변동의 특징과 다양한 문제를 살펴보고, 더 나은 사회를 만들기 위하여 해결해야 할 과제를 탐구한다.'는 성취기준을 중심으로, 국어, 미술, 도덕과의 성취기준을 연계했습니다.

이를 통해 '경제적 양극화', '노사 갈등', '환경오염' 등의 주제를 보다 쉽고 흥미롭게 가르칠 수 있는 프로젝트 수업을 구상할 수 있었습니다. 성취기준을 모으는 과정에서 다양한 학습 활동 아이디어가 떠올랐고, 이를 바탕으로 하나의 프로젝트 수업이 자연스럽게 설계되었습니다.

③ 프로젝트 수업 계획하기

교과	활동내용	차시	성취기준
국어	(읽기전) 책 제목, 표지를 보고 질문을 주고받아봅시다.	1	[6국01-06] 드러나지 않거나 생략된 내용을 추론하며 듣는다.
국어	(읽기전) 삽화와 목차를 연결해보고, 책의 내용을 예상해봅시다.	2	[6국01-06] 드러나지 않거나 생략된 내용을 추론하며 듣는다.
사회	(읽는중-1~17쪽) 경제 성장 과정에서 나타난 문제인 '경제적 양극화'에 대해 살펴봅시다.	2	[6사06-04] 광복 이후 경제 성장 과정에서 우리 사회가 겪은 사회 변동의 특징과 다양한 문제를 살펴보고, 더 나은 사회를 만들기 위하여 해결해야 할 과제를 탐구한다.
사회	(읽는중-18~41쪽) 경제 성장 과정에서 나타난 문제인 '노사 갈등'에 대해 살펴봅시다.	2	[6사06-04] 광복 이후 경제 성장 과정에서 우리 사회가 겪은 사회 변동의 특징과 다양한 문제를 살펴보고, 더 나은 사회를 만들기 위하여 해결해야 할 과제를 탐구한다.
사회	(읽는중-42~65쪽) 경제 성장 과정에서 나타난 문제인 '환경 오염'에 대해 살펴봅시다.	2	[6사06-04] 광복 이후 경제 성장 과정에서 우리 사회가 겪은 사회 변동의 특징과 다양한 문제를 살펴보고, 더 나은 사회를 만들기 위하여 해결해야 할 과제를 탐구한다.
사회	(읽은후) 경제 성장 과정에서 나타난 문제점을 해결하는 방법을 정리해봅시다.	1	[6사06-04] 광복 이후 경제 성장 과정에서 우리 사회가 겪은 사회 변동의 특징과 다양한 문제를 살펴보고, 더 나은 사회를 만들기 위하여 해결해야 할 과제를 탐구한다.
미술	(읽은후) 가장 인상깊은 장면을 그림으로 그려서 우리 반의 그림책을 만들어봅시다.	4	[6미02-01] 표현 주제를 잘 나타낼 수 있는 다양한 소재와 방법을 탐색할 수 있다.
국어	(읽은후) 감정 카드로 인물의 감정 변화를 알아보고, 글의 구조를 파악해봅시다.	1	[6국02-02] 글의 구조를 고려하여 글 전체의 내용을 요약한다.
국어	(읽은후) 글의 구조를 고려하여 글 전체의 내용을 요약해봅시다.	3	[6국02-02] 글의 구조를 고려하여 글 전체의 내용을 요약한다.
국어	(읽은후) 전태일이 바라는 세상은 무엇이었는지, 전태일이 추구하는 바람직한 삶의 가치에 대해 생각해봅시다.	1	[6국05-06] 작품에서 얻은 깨달음을 바탕으로 하여 바람직한 삶의 가치를 내면화하는 태도를 지닌다.
도덕	(읽은후) 도덕적 성찰의 과정을 통해 올바른 삶이란 무엇인지 발표해봅시다.	2	[6도03-02] 올바른 삶에 매우 중요한 도덕적 성찰의 방법을 익혀 생활 속에서 꾸준히 실천할 수 있다.
		21	

[그림 14] 『우리는 내일의 전태일입니다』 프로젝트 수업 계획하기

이제 프로젝트 수업을 구체적으로 계획할 단계입니다. 먼저, 수업의 전체 순서를 정하고 각 활동에 적합한 시수를 배정한 뒤, 활동별로 관련 성취기준을 반영합니다. 특히, 이 과정에서 핵심 성취기준을 선정하여 빨간색으로 표시하고, 이를 바탕으로 학생들의 성취 수준을 평가할 수행평가를 계획하기로 했습니다.

프로젝트 수업 계획 단계에서는 앞서 정리한 성취기준 모아보기가 실제 수업 설계와 다소 달라질 수 있습니다. 이는 자연스러운 과정으로, 더 나은 아이디어가 떠오르면 언제든지 계획을 수정할 수 있습니다. 이러한 반복적인 수정 작업을 통해 하나의 체계적인 프로젝트 수업이 완성됩니다. 시간이 많이 소요되더라도, 이 과정을 통해 교육과정에 대한 깊은 이해와 수업 설계 역량이 크게 향상될 수 있습니다.

[그림 14]는 『우리는 내일의 전태일입니다』 프로젝트 수업을 구체적으로 계획한 예시입니다. 이 수업은 온책읽기 수업 형태로 진행되며, 전태일의 삶을 다룬 책을 읽고 다음과 같은 활동들을 통해 학습 목표를 달성하도록 구성하였습니다.

1. 사회 문제 탐구(사회과): 경제 성장 과정에서 나타나는 경제적 양극화, 노사 갈등, 환경오염 등 다양한 사회 문제를 깊이 탐구하기

2. 창의적 표현(미술과): 가장 인상 깊었던 장면을 그림으로 표현하고, 친구들과 감정 나누기

3. 도덕적 성찰(도덕과): 전태일이 추구했던 바람직한 삶을 통해 학생들이 도덕적 성찰의 기회 갖기

이처럼 하나의 주제를 중심으로 국어, 사회, 미술, 도덕 교과를 통합하여 수업을 진행합니다. 이를 통해 학생들은 다양한 교과의 학습 내용을 유기적으로 연결하고 주제를 더욱 입체적으로 이해할 수 있습니다.

④ 교과별 교육과정 재구성하기

성취기준을 분석하고 프로젝트 수업을 구상했다면, 이제 교과별 교육과정을 재구성할 단계에 접어들었습니다. 이 작업은 나이스(NEIS)에 등록할 교과별 연간지도계획을 수립하는 과정으로, 문서로 작성된 계획과 실제 수업 내용을 최대한 일치시키는 데 목적이 있습니다. 만약 이 과정을 생략한다면, 계획과 수업 간의 괴리가 발생할 가능성이 큽니다. 따라서 문서와 실제 수업을 일치시키기 위해 교과별 교육과정을

체계적으로 재구성해야 합니다.

이 단계에서는 프로젝트 수업뿐만 아니라 운동회, 체험학습과 같은 학교 행사도 미리 계획에 반영합니다. 또한, 단원의 순서나 차시별 수업 시간을 활동 내용에 따라 유연하게 조정합니다.

<국어 교육과정 재구성 - 105>

주제(단원)	활동내용	차시	성취기준
첫날	선생님께 나를 소개하는 글을 써요	2	
복습	3학년 내용을 복습해봅시다.	1	
진단평가	진단평가를 통해 학습 성취 수준을 진단해봅시다.	1	
내 고장 산 오르기	모둠원과 산을 오르며 드는 생각을 표현해요.(범교과-재난안전교육)	2	
7. 사전은 내 친구	국어사전에서 낱말의 뜻을 찾는 방법을 알아봅시다.	2	[4국04-01] 낱말을 분류하고 국어사전에서 찾는다. (7사전)
7. 사전은 내 친구	사전에서 관계있는 낱말을 찾는 방법을 알아봅시다.	1	[4국04-02] 낱말과 낱말의 의미 관계를 파악한다. (7사전)
7. 사전은 내 친구	여러 가지 사전에서 낱말의 뜻을 찾아봅시다.	1	[4국04-01] 낱말을 분류하고 국어사전에서 찾는다. (7사전)
7. 사전은 내 친구	낱말의 뜻을 사전에서 찾으며 글을 읽어봅시다.	1	[4국02-03] 글에서 낱말의 의미나 생략된 내용을 짐작한다. (7사전)
7. 사전은 내 친구	낱말 수첩을 만들어 모르는 낱말의 뜻을 기록해봅시다.	1	[4국04-01] 낱말을 분류하고 국어사전에서 찾는다. (7사전)
<온책읽기> 박찬두 체험	표지, 목차를 보고, 책의 내용을 예상해봅시다.	1	[4국05-03] 이야기의 흐름을 파악하여 이어질 내용을 상상하고 표현한다.(2요약, 5상상)
<온책읽기> 박찬두 체험	'이야기톡' 보드게임으로 이야기 상상하기를 연습해봅시다.	1	[4국05-03] 이야기의 흐름을 파악하여 이어질 내용을 상상하고 표현한다.(2요약, 5상상)
<온책읽기> 박찬두 체험	삽화의 순서를 맞추고, 이야기를 상상해봅시다.	2	[4국05-03] 이야기의 흐름을 파악하여 이어질 내용을 상상하고 표현한다.(2요약, 5상상)
<온책읽기> 박찬두 체험	이야기의 재미와 감동을 느끼며 책을 읽어봅시다.	8	[4국05-05] 재미나 감동을 느끼며 작품을 즐겨 감상하는 태도를 지닌다.(독서, 5상상)
<온책읽기> 박찬두 체험	내가 선생님이 된다면 하루 동안 어떤 수업을 할지 계획을 세우고 친구들과 이야기해봅시다.	1	[4국03-05] 쓰기에 자신감을 갖고 자신의 글을 적극적으로 나누는 태도를 지닌다. (독서, 5상상)
환경체험 교육	숲을 지키는 방법에 관한 글을 읽어봅시다.(범교과-환경교육)	2	

[그림 15] 4학년 1학기 국어과 교육과정 재구성 계획하기

[그림 15]는 제가 4학년 1학기 국어과 교육과정을 재구성한 연간지도계획의 예시입니다. 예를 들어, 개학 후 첫 국어 시간에는 선생님께 자신을 소개하는 글쓰기를 2시간 동안 진행하도록 계획했습니다. 이와 함께 진단평가를 위해 3학년 내용을 복습하

는 시간도 추가했습니다. 또한, 학교 행사인 '내 고장 산 오르기'를 연간계획에 반영하여 실제 수업과 행사 일정을 조율했습니다.

특히, 『박찬두 체험』이라는 온책읽기 수업을 위해 국어 교과는 7단원(사전 찾는 방법)부터 시작하도록 순서를 조정했습니다. 수행평가를 실시할 차시는 해당 성취기준을 빨간색으로 표시하였고, 범교과 학습 지도 계획은 초록색 글씨로 기록하여 한눈에 확인할 수 있도록 구성했습니다. 완성된 교과별 연간지도계획은 엑셀 파일로 변환한 후 나이스에 등록하면 됩니다.

이처럼 교과별로 단원의 순서를 조정하고 활동 내용을 개략적으로 계획해 두면 수업 진행이 훨씬 수월해집니다. 또한, 교과별 연간지도계획은 수업의 흐름을 명확히 정리해 줄 뿐만 아니라, 학기 중에도 자주 참고할 수 있는 유용한 자료가 됩니다.

⑤ 수행평가 문항지 및 기준안 만들기

교육과정을 재구성할 때 수행평가 계획도 함께 수립하는 것을 권장합니다. 수행평가 문항지와 기준안을 미리 준비해 두면, 학기 초의 업무 부담을 줄일 수 있으며 수업의 방향성을 명확히 할 수 있기 때문입니다. 비록 많은 시간과 노력이 들지만, 적어도 학기 시작 후 2주 이내에 수행평가 기준안을 완성할 수 있도록 계획하고 있습니다.

어떤 성취기준을 수행평가로 평가할지는 교과별 연간지도계획 수립 과정에서 미리 정해두었기 때문에 이를 참고하여 문항지와 기준안을 준비하면 됩니다.

초등학교에서 성취도 평가가 폐지된 이후, 평가에 대한 많은 고민을 하였습니다. 처음에는 교육청에서 제공한 자료를 활용하여 수행평가를 진행했으나, 교실에서 실제로 이루어지는 수업과는 괴리감이 컸습니다. 때때로 평가를 미루다가 학기 말에 여러 과목의 수행평가를 몰아서 진행한 적도 있었습니다.

이러한 문제를 해결하기 위해, 수행평가에 대한 저만의 기준을 설정하게 되었습니다.

첫 번째 기준은 수행평가가 수업 과정의 일부가 되어야 한다는 것입니다. 수행평가를 위한 별도의 시간을 할애하기보다는 수업 시간 내에서 자연스럽게 평가가 이루어지는 것이 바람직하다고 생각합니다. 그래서 문항지를 만들 때부터 수업 자료로도 활용하겠다는 목표를 가지고 구성하였습니다. 이렇게 하면 학생들이 수업에 더 집중할 수 있으며, 기억력보다는 수행 역량을 평가할 수 있게 됩니다.

[그림 16]은 '국어사전으로 모르는 낱말의 뜻을 찾아 낱말 수첩을 만들어봅시다.'라는 수행평가 문항을 평가하기 위해 만든 문항지입니다. 이 문항에서는 먼저 국어사전을 찾는 방법, 즉 자음과 모음이 국어사전에 실리는 순서와 기본형에 대한 학습 내용을 평가합니다. 또한, 낱말 사이의 관계(반대 관계, 포함 관계)를 알아본 후, 이를 바탕으로 글에서 모르는 낱말의 뜻을 찾아내고 낱말 수첩을 만드는 활동까지 평가할 수 있습니다.

○○초 4학년	국어사전을 활용하여 낱말 수첩 만들기	이름:

1. 국어사전에서 첫 자음자와 모음자가 실린 차례를 정리해봅시다.

첫 자음자 (19자)						
모음자 (21자)	ㅏ 	ㅑ ㅛ	 ㅜ	ㅓ 	ㅕ 	ㅗ ㅠ

2. 낱말의 기본형을 찾고, 국어사전에 실리는 차례대로 번호를 써봅시다.

낱말	변하지 않는 부분	기본형	순서(번호 쓰기)
뽑겠다, 뽑는다			
밝아서, 밝은			
달아나니, 달아나는			
잡을, 잡아서			

3. 낱말 사이의 관계를 보고 빈칸에 들어갈 알맞은 낱말을 써봅시다.

뜻이 반대인 낱말	포함 관계의 낱말
좁다 **vs**	스포츠
빠르다 **vs**	농구

4. 모르는 낱말의 뜻을 찾아 낱말 수첩을 만들어봅시다.

[그림 16] 4학년 국어과 수행평가 문항지(예시)

두 번째 기준은 수행평가에서 피드백이 가장 중요하다는 것이었습니다. 과거의 성취도 평가는 학생이 학습 목표를 달성했는지를 확인하고, 그 결과를 점수화하여 학생의 수준을 파악하는 데 중점을 두었습니다. 그러나 수행평가는 학생의 학습 과정에서 드러나는 종합적인 능력을 평가하는 과정 중심 평가입니다. 이러한 평가 방식에서는 학생이 학습 목표에 도달하지 못했을 경우, 피드백을 통해 부족한 부분을 보완하고 재평가할 수 있는 기회를 제공하는 것이 중요합니다.

수행평가는 단순히 결과를 평가하는 것이 아니라, 학습의 일환으로 학생들이 목표에 도달할 수 있도록 지원하는 과정이기도 합니다. 따라서 교사는 수행평가를 통해 학생의 문제점을 파악하고, 이에 적합한 피드백을 제공해야 합니다. 이를 통해 학생들이 스스로 성장하고 변화할 수 있도록 다양한 평가 기회를 마련해 주어야 합니다.

세 번째 기준은 수행평가의 타당성이 확보되어야 한다는 것입니다. 평가에서 중요한 요소로는 객관성(누가 평가하더라도 동일한 결과가 나오는 것), 신뢰성(여러 번 반복해도 동일한 결과가 나오는 것), 공정성(모든 학생에게 평가의 기회와 조건이 공평하게 주어지는 것), 타당성(평가 목표나 내용을 정확하게 측정하는 것)이 있습니다. 평가에서 이 요소들이 다 중요하지만, 저는 타당성을 가장 중요하다고 생각합니다.

타당성을 확보하기 위해 루브릭 채점 방법을 사용합니다. 이 방법은 평가 기준을 세분화하여 각 기준에 따른 성취 수준을 명확히 정의하고, 이를 바탕으로 학생들의 수행 결과를 체계적으로 평가하는 방법입니다.

단원	7. 사전은 내 친구		평가방법	결과물평가
평가영역	문법			
평가요소	모르는 낱말의 뜻을 찾아 낱말 수첩 만들기			
성취기준	[4국04-01] 낱말을 분류하고 국어사전에서 찾는다.			
평가문항	국어사전으로 모르는 낱말의 뜻을 찾아 낱말 수첩을 만들어봅시다.			

예시 답안

첫 자음자 (19자)	ㄱ	ㄲ	ㄴ	ㄷ	ㄸ	ㄹ	ㅁ	ㅂ	ㅃ	ㅅ
	ㅆ	ㅇ	ㅈ	ㅉ	ㅊ	ㅋ	ㅌ	ㅍ	ㅎ	
모음자 (21자)	ㅏ	ㅐ	ㅑ	ㅒ	ㅓ	ㅔ	ㅕ	ㅖ	ㅗ	ㅘ
	ㅙ	ㅚ	ㅛ	ㅜ	ㅝ	ㅞ	ㅟ	ㅠ	ㅡ	ㅣ
	ㅢ									

낱말	변하지 않는 부분	기본형	순서
붐볐다, 붐는다	붐	붐다	3
밝아서, 밝은	밝	밝다	2
달아나니, 달아나는	달아나	달아나다	1
잡을, 잡아서	잡	잡다	4

좁다 VS 넓다

빠르다 VS 느리다

스포츠 — 농구 / 축구 / 테니스

④ 실기형 평가 생략

핵심 역량	평가요소	☆	◎	○	△	✕
기초 학습능력	국어사전을 찾는 방법을 알고 있나요?	3	1	0	-1	-3
분석적 이해	낱말 사이의 관계를 알고 분류할 수 있나요?	3	1	0	-1	-3
문제 해결력	모르는 낱말의 뜻을 찾아 낱말 수첩을 만들 수 있나요?	3	1	0	-1	-3
기본	수행평가에 응시하였을 경우	3				

채점기준

평가기준	잘함 (10점)	글자가 짜인 순서와 낱말의 기본형으로 국어사전을 찾는 방법을 알고 있으며, 낱말 사이의 관계를 알고 분류할 수 있으며, 모르는 낱말의 뜻을 찾아 낱말 수첩을 만들 수 있다
	보통 (7점)	국어사전을 찾는 방법을 알고, 낱말 사이의 관계에 따라 분류할 수 있으며, 낱말 수첩을 만들 수 있다
	노력요함 (4점)	국어사전을 찾는 방법을 제대로 알지 못하며, 낱말 수첩을 완성하지 못하였다.

[그림 17] 4학년 1학기 국어과 수행평가 기준안(예시)

[그림 17]을 보면, 채점 기준이 세부 항목으로 나뉘어 있으며, 각 평가요소별로 배점이 설정되어 있습니다. 평가 기준은 '잘함'(10점 이상), '보통'(7점 이상), '노력요함'(4점 이상)의 3단계로 구성되어 있으며, 배점의 총합을 통해 학생의 평가 수준을 판단

할 수 있도록 설계되었습니다.

루브릭 채점 방법을 활용하면 평가 기준이 명확해져 평가자의 주관성을 줄일 수 있으며, 학생들에게는 부족한 부분에 대한 구체적인 피드백을 제공할 수 있습니다. 이를 통해 평가의 타당성을 보장할 수 있습니다.

이런 기준에 맞추어 완성된 수행평가 기준안은 학기 초에 예시 답안을 삭제한 후 학생들에게 미리 배부하여 파일집에 보관하도록 합니다. 이는 학생들이 평가 내용을 미리 알게 하여 수업의 핵심을 효과적으로 준비할 수 있도록 하기 위함입니다.

교과별 성취기준을 분석하고 프로젝트 수업을 구상하며, 각 교과에 대한 연간지도계획을 작성하고 수행평가까지 만드는 과정은 저만의 교육과정을 재구성하는 과정입니다.

학기가 시작되기 전에 이러한 준비를 하느라 바쁘지만, 체계적으로 준비해 두면 일관성 있는 수업과 평가가 가능해집니다. 더 나은 수업을 하고자 하는 욕심으로 새로운 시도를 하다 보니 시행착오를 겪기도 했지만, 그 결과 저만의 교육과정 재구성 방식을 점차 확립할 수 있었습니다.

물론 매 학기마다 많은 시간을 들여 교육과정을 준비하는 것은 쉽지 않은 일입니다. 그러나 미리 철저히 계획해 두면 수업과 평가가 더욱 깊이 있고 일관성 있게 진행될 수 있습니다. 그래서 저는 매년 꾸준히 이 작업을 이어가고 있습니다. 학년 배정일이 다가오면 하루라도 빨리 교육과정을 재구성하고 싶은 마음에 설레기도 합니다.

교육과정 재구성은 많은 시간이 들지만, 그 과정을 통해 더 나은 수업을 만들어가는 기쁨은 이루 말할 수 없습니다. 이제는 교육과정 재구성의 매력에 완전히 빠져들어, 그 뿌듯함에서 벗어날 수 없게 되었습니다.

프로젝트 수업 :
『기호 3번 안석뽕』 온책읽기 수업
- 책 읽는 즐거움과 배움의 기쁨을 동시에 느끼다

선생님이 교육과정을 재구성하는 이유는 다양합니다. 제가 교육과정을 재구성하는 가장 큰 이유는 여러 교과의 내용을 하나의 주제로 통합하여 나만의 프로젝트 수업을 계획할 수 있다는 점입니다. 학생들이 하나의 주제를 깊이 탐구하며 책을 읽고, 그림을 그리고, 보고서를 작성하는 과정을 통해 배우는 모습을 볼 때, 교사로서 큰 보람을 느낍니다.

물론, 처음부터 프로젝트 수업이 순조롭게 진행된 것은 아니었습니다. 수업 시간이 길어지면 학생들의 집중력이 흐트러지기도 했고, 성취기준에 억지로 맞추려다 보니 주제에서 벗어나는 경우도 많았습니다. 그러나 시행착오를 거듭하고 경험이 쌓이면서, 이제는 다른 선생님들에게도 소개할 만한 몇 가지 프로젝트 수업이 생겼습니다.

아직 부족한 점이 많지만, 다른 선생님들께 도움이 되기를 바라는 마음으로 제가 진행했던 프로젝트 수업을 소개하겠습니다.

① 온책읽기 수업을 하는 이유

제가 주로 진행하는 프로젝트 수업은 온책읽기 수업입니다. 최근에는 책뿐만 아니라 영화, 미술, 음악 작품을 소재로 한 온작품읽기로 수업을 확장하여 구상하기도 합니다.

온책읽기 수업을 시작하게 된 계기는 많은 선생님들이 공감하시겠지만, 국어 교과서의 한계 때문입니다. 국어 교과서에는 책의 일부만 실려 있어 학생들이 책에 흥미를 느끼기 시작할 즈음에 학습 활동이 끝나고, 곧바로 다른 지문으로 넘어가 버립니다. 문학 작품을 깊이 이해하려면 글의 앞뒤 맥락을 함께 읽어야 하지만, 교과서에 실린 부분만으로는 충분하지 않습니다.

그래서 한 권의 책을 온전히 읽으며 천천히 깊이 학습하는 온책읽기 수업을 시작하게 되었습니다. 2015 개정 교육과정에서도 '한 학기에 한 권 읽기'라는 용어로 온책읽기 수업을 권장하고 있죠. 저는 한 학기에 2~3권의 책을 선정하여 온책읽기 수업을 구성합니다. 물론 예산 확보라는 현실적인 어려움도 있지만, 학교의 도움을 받아 학급운영비나 독서 동아리 지원비 등을 통해 이를 해결하고 있습니다.

	국어

기호 3번 안석뽕	[6국01-01] 구어 의사소통의 특성을 바탕으로 하여 듣기, 말하기 활동을 한다.	[6국01-04] 자료를 정리하여 말할 내용을 체계적으로 구성한다.	[6국01-06] 드러나지 않거나 생략된 내용을 추론하며 듣는다.
	[6국03-01] 쓰기는 절차에 따라 의미를 구성하고 표현하는 과정임을 이해하고 글을 쓴다.	[6국05-04] 일상생활의 경험을 이야기나 극의 형식으로 표현한다.	[6국05-05] 작품에 대한 이해와 감상을 바탕으로 하여 다른 사람과 적극적으로 소통한다.
	[추천활동] 삽화 보고 내용 예상하기(나만의 이야기 꾸미기) 등장 인물의 성격 파악하기(만다라트), 이야기의 한 장면을 대본으로 만들고, 역할극 하기		

[그림 18] 『기호 3번 안석뽕』 성취기준 모아 보기

이번에 온책읽기 도서로 소개할 『기호 3번 안석뽕』은 6학년 학생들에게 적합한 책입니다. 이 책은 6학년 학생들이 흔히 겪는 회장 선거를 주제로 하며, 흥미로운 스토리와 개성 있는 인물들이 등장합니다. 덕분에 책 읽기를 좋아하지 않는 학생들도 충분히 흥미를 느낄 수 있습니다.

② 수업 진행 안내

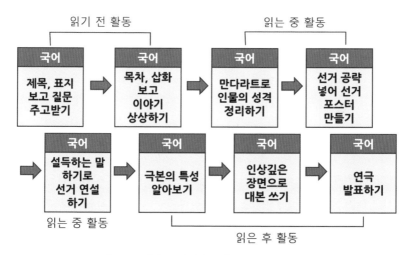

[그림 19] 『기호 3번 안석뽕』 온책읽기 수업 계획

온책읽기 수업은 읽기 전, 읽는 중, 읽은 후 활동으로 나누어 체계적으로 계획합니다.

[읽기 전 활동]

읽기 전 활동에서는 '책의 제목과 표지를 보며 질문 주고받기'를 시작으로 학생들의 상상력을 자극합니다. 교사가 책을 보여주며 질문을 던지면, 학생들은 그 질문에 대해 서로 대화를 주고받으며 내용을 추측하고 의견을 나눕니다.

"여러분, 왜 이 책의 제목이 『기호 3번 안석뽕』일까요?"

"음… 안석뽕이 선거에 나오는 인물이라서 그런 거 아닐까요?"

"그럼 표지에 나오는 인물 중 누가 안석뽕일까요?"

"제일 앞에 있는 사람이 안석뽕 같아요. 중심에 있잖아요."

"오른쪽에 있는 인물은 고경태예요. 고경태는 어떤 성격일 것 같나요?"

"안경을 쓰고 안석뽕을 째려보고 있는 걸 보니 질투심이 많을 것 같아요."

자료를 깊이 있게 살펴볼 때 하브루타 질문법[8]을 적용하면 더욱 효과적입니다. 교사가 책 표지를 보면서 질문을 던지고, 학생들이 이에 답하는 방식으로 진행하거나, 학생들이 짝을 지어 서로 질문을 주고받는 방법도 좋습니다. 질문을 만들기 위해서는 자료를 꼼꼼히 살펴보아야 하며, 대답을 위해 새로운 관점에서 자료를 재검토하게 됩니다. 이렇게 하브루타 질문법을 활용하면 학생들의 능동적인 참여를 이끌어내고, 질문을 통해 창의적이며 비판적인 사고를 기를 수 있습니다.

다음 활동은 삽화를 보고 이야기 꾸미기입니다. 교사가 삽화를 나눠 주며 말합니다.

"자, 여기 삽화와 목차가 있어요. 이 삽화가 책의 어느 부분일지 예상해볼까요?"

"이 그림은 초반에 나올 것 같아요. 안석뽕이 회장 선거에 나가기로 결심하는 장면이 아닐까요?"

"그럴 수도 있겠네요. 그러면 이 그림은요?"

"이건 끝부분 같은데요. 친구들이 화해하는 장면 같아요."

학생들은 삽화의 순서를 정리한 후, 각 삽화에 어울리는 이야기를 꾸미며 상상력을 발휘합니다. 이러한 대화를 통해 추측하고 상상한 내용은 책을 읽는 동안 몰입도를 높이는 데 크게 기여합니다.

---

8) 하브루타 질문법은 질문과 토론을 통해 서로의 생각을 공유하고 깊이 있는 학습을 이끌어내는 유대인 전통의 교육 방식입니다.

○○초 6학년	삽화 보고 이야기 꾸미기 <기호 3번 안석뿡>	이름: 장○○

갑자기 아이들이 6학년에 들어옵니다. 고슴도치가 이번에 학교 회장을 뽑는다고, 할 사람은 교탁 위로 올라오라고 했습니다. 그래서 김을하가 안석진을 질질 끌고 와서 교탁 위로 데리고 갑니다. 근데 교탁 위로 온 사람이 3명 밖에 없었습니다. 그래서 학교 회장이 되면 어떤 걸 할 수 있게 할거냐고 고슴도치가 물었습니다. 애들이 차근차근 말하고 석진이 차례가 왔습니다. 석진이는 학교 회장이 된다면 학교에서 휴대폰은 허용이 된다고 말하고 급식을 맛있는 걸로 준다고 말했습니다.

그러자 아이들이 좋다고 표지판에 안석진을 안석뿡이라고 적었습니다. 왜냐하면 안석진이 방귀를 많이 뀌었기 때문이었습니다. 그리고 안석뿡을 뽑자고 엄청나게 많은 아이들이 말했습니다.

[그림 20] 삽화 보고 이야기 꾸미기(학생 예시)

[읽는 중 활동]

읽는 중 활동은 책의 내용과 성취기준에 따라 다양하게 진행됩니다. 특히, 『기호 3번 안석뿡』에서는 인물의 성격 파악하기와 선거 체험하기 두 가지 활동에 중점을 두었습니다.

– 첫 번째 활동: 인물의 성격 파악하기

첫 번째 활동인 인물의 성격 파악하기는 학생들이 책을 읽으면서 인물의 말과 행동을 찾아 분석하고, 그 내용을 만다라트(Mandarat)[9] 활동지에 정리하는 것입니다. 중심에 인물을 두고, 그 인물의 성격을 나타내는 주요 특징들을 주변에 배치하면서 점차 세부적인 특성으로 확장해 나갑니다. 이렇게 정리한 내용은 연극 활동에서 인물의 성격을 표현하는 데 큰 도움이 됩니다.

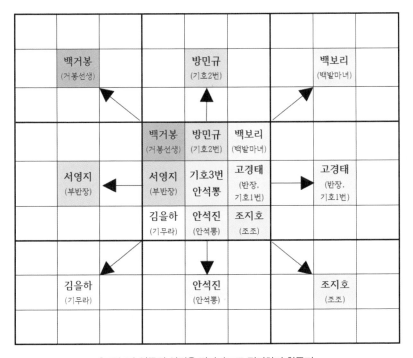

[그림 21] 인물의 성격을 만다라트로 정리하기 활동지

---

9) 만다라트는 중심 주제를 설정하고 이를 8개의 세부 주제로 확장하여 아이디어를 체계적으로 시각화하고 창의적으로 사고하도록 돕는 도구입니다.

선거 체험하기 활동은 본교의 2학기 전교 학생회장 선거와 연계하여 진행하였습니다. 학생들은 수업 중 책을 읽으며 주인공처럼 선거 과정을 직접 체험할 기회를 가졌습니다.

먼저, 학교의 문제점을 분석하고 자신만의 선거 공약을 세웠습니다. 이후 공약을 알리기 위해 창의적인 선거 포스터를 제작했습니다. 다음으로 설득력 있는 말하기 방법을 배우며 선거 연설문을 작성한 후, 전교생 앞에서 발표하는 시간을 가졌습니다. 특히 학생들이 가장 몰입했던 순간은 전교생 앞에서 자신의 생각을 발표하던 선거 연설 시간이었습니다.

이 활동은 자료를 정리하고, 말할 내용을 체계적으로 구성하는 능력을 기르는 데 중점을 두었습니다. 이를 통해 학생들은 단순히 선거 과정을 배우는 것을 넘어, 자신의 의견을 논리적으로 표현하고 설득하는 소중한 경험을 쌓을 수 있었습니다.

[읽은 후 활동]

책을 모두 읽은 후, 대본 쓰기와 연극 활동을 통해 수업을 마무리했습니다. 이 활동은 국어과 성취기준에 맞추어 일상생활의 경험을 이야기나 극 형식으로 표현하는 능력을 키우는 데 중점을 두었습니다.

학생들은 책 속에서 가장 인상 깊었던 장면을 모둠별로 선택하여 대본을 작성했습니다. 대본 작성 과정에서는 등장인물의 대사는 따옴표로, 행동은 괄호로 표시하도록 지도하였으며, 모둠원 모두가 연기에 참여할 수 있도록 역할을 조정했습니다. 이를 통해 학생들이 협력하며 각자의 역할을 완성할 수 있도록 교사의 세심한 지원이 이루어졌습니다.

○○초 6학년	'기호 3번 안석뿡' 연극 대본	[1조]

- 때 : 쉬는 시간
- 곳 : 운동장, 계단
- 등장인물 : 김을하(양○○), 안석진(최○○), 조지호(장○○), 서영지(이○○)
- 필요한 준비물 : 차이나 모자, 한복

	(종이 친다. 김을하와 조지호, 안석진이 교실에 들어간다.)
	(교실에 발을 딛자마자 아이들이 책상을 치며 웃는다.)
조지호	(중국 사람처럼 우스꽝스럽게) 우리 살람 중국에서 온 조조라고 해.
	띵호와 쉐쉐 무지무지 반갑다 해!
김을하	(일본 사람처럼 공손하게) 아리가또! 아리가또! 나는 기무라 상이라고 하므니다.
	어저께 일본에서 와쓰므니다.
조지호	(친구들에게 손가락 3을 내밀며) 우리 중국 살람은 기호 3번 찍는다 해.
	석뿡선생 가라사대 꼴지한테도 박수를 쳐주라 했다 해.
	이 반 꼴지 누구냐해? 다같이 박수 쳐주자 해!(박수를 유도한다.)
김을하	아노~ 우리 일본 사람도 기호 3번, 남바 쓰리, 안석뿡을 찍스므니다.
	1등은 1번 찍고, 2등은 2번 찍고, 3등부터는 무조건 3번을 찍어야 하므니다.
	그래야 아리가또 아리가또 보재기마쓰!
안석진	(종이와 붓을 가져와 앉아 붓글씨를 쓰는 척 한다.)
	(일어서서 다 쓴 붓글씨 종이를 들고 읽는다.)
	일등만 사람이냐! 꼴지도 사람이다! 꼴지까지 생각하는 기호 3번 석뿡 안석진!

[그림 22] 연극 대본 쓰기(학생 예시)

작성된 대본은 3~5분 정도의 짧은 분량으로 연습을 진행했으며, 학생들에게 대사를 외우도록 지도했습니다. 특히 등장인물의 성격이 잘 드러나도록 연기하는 것이 중요하다고 강조하자, 학생들은 인물의 특성을 살려 실감 나게 연극을 발표했습니다.

마지막으로, 학생들은 책에 대한 서평을 작성하고, 연극 활동에 대한 소감을 나누며 『기호 3번 안석뽕』 온책읽기 수업을 마무리했습니다. 약 30차시에 걸친 긴 프로젝트 수업이었지만, 학생들은 지루해하지 않고 끝까지 몰입하는 모습을 보였습니다. 이는 책의 흥미로운 내용과 학생들의 실제 삶과 연결된 다양한 학습 활동이 어우러진 덕분이라고 생각합니다.

서평 쓰기와 소감 나누기를 통해 학생들은 자신의 생각을 글과 말로 표현하는 방법을 배우고, 수업의 의미를 깊이 되새길 수 있었습니다.

"여러분, 이렇게 글밥이 긴 책은 처음 읽어보죠? 읽어보니 어땠나요?"

"책 읽는 게 생각보다 재미있었어요."

"태어나서 이렇게 긴 책을 처음 읽어보는데 다른 책도 읽어보고 싶어요."

온책읽기 수업을 통해 얻을 수 있는 가장 큰 성과는 바로 학생들이 독서에 대한 마음을 열게 되었다는 점입니다. 재미있는 책을 친구들과 함께 읽고, 관련된 학습 활동을 통해 깊이 있게 배우며, 각자의 소감을 나누다 보면 긴 글을 읽기 어려워하던 학생들조차 점차 책에 흥미를 느끼게 됩니다.

"학생들이 책을 좋아하게 되었다!"

독서 수업에서 이보다 더 큰 보람이 있을까요? 책 읽는 즐거움과 배움의 기쁨을 동시에 느낄 수 있는 온책읽기 수업은 단순히 읽기 기술을 습득하는 것을 넘어, 학생들에게 독서가 삶의 일부가 될 수 있음을 깨닫게 해줍니다.

혼자서 책을 읽는 것에 부담을 느끼는 학생들도 친구들과 함께하는 과정에서 자연스럽게 자신감을 얻게 됩니다. 이는 독서 습관 형성은 물론, 학습 태도와 성취감에도 긍정적인 영향을 미칩니다.

책을 통해 배움의 문을 열고 학생들과 함께 성장할 수 있는 온책읽기 수업, 주저하지 말고 도전해 보세요.

프로젝트 수업 :
『하루 한 번 세계여행』 온책읽기 수업
- 책으로 사회를 배우고 세상과 소통하다

저는 학창 시절에 사회 교과를 가장 좋아했습니다. 특히 역사에 대한 흥미가 남달랐죠. 도서관에서 역사책이나 역사 소설을 즐겨 빌려 읽었고, 역사 영화를 빠짐없이 보려고 노력했습니다. 초등교사임에도 불구하고 역사를 더 깊이 공부하고 싶어서 역사교육학 대학원에 다닐 정도였으니, 제가 역사를 얼마나 사랑하는지 짐작할 수 있을 것입니다.

하지만 제가 사회 교과를 좋아하는 것과 학생들에게 재미있게 가르치는 것은 전혀 다른 문제였습니다. 사회 교과는 우리 주변의 삶과 밀접한 관련이 있는 과목이지만, 학생들에게는 용어가 어렵고 내용이 추상적이어서 와닿지 않는 경우가 많았습니다. 쉬운 용어로 상세히 설명해도 이해하지 못하거나, 스스로 생각하기 어려워하는 학생들이 적지 않았습니다.

"여러분, 우리가 살고 있는 땅은 생김새가 다양합니다. 어떤 곳은 지대가 높고 경사가 급하지만, 어떤 곳은 지대가 낮고 평탄합니다."
"선생님, '지대'가 뭐예요?"
"지대는 특정한 지역이나 구역을 말하는데, 땅의 높이나 특징이 비슷한 곳을 의미해요."

"그러면 '경사가 급하다'는 것은 무슨 뜻이에요?"

"경사가 급하다는 건 땅이 갑자기 많이 기울어져 있다는 뜻이에요. 쉽게 말해 땅이 가파르게 올라가는 곳을 말하죠."

"그럼 '평탄하다'는 건 뭐예요?"

"평탄하다는 것은 땅이 고르고 평평하다는 뜻이에요."

"그래도 무슨 말인지 잘 모르겠어요."

"모르는 단어가 많아서 내용을 이해하기 어렵나 보구나."

학생들이 용어를 이해하지 못해 수업 내용을 따라가기 어려워하는 모습을 보며 참 안타까웠습니다. 그래서 학생들이 더 쉽게 이해하고 배울 수 있도록 사회 교과를 중심으로 프로젝트 수업을 진행하기로 결정했습니다.

사회 교과를 중심으로 이루어지는 프로젝트 수업은 핵심 주제와 관련된 책을 읽으며 간접 체험을 하거나 실제 경험을 바탕으로 한 학습 활동으로 구성할 수 있습니다. 이러한 수업은 학생들에게 학습에 대한 흥미를 불러일으키고, 나아가 사회 교과에 대한 관심과 이해도를 높이는 데 기여할 수 있습니다.

따라서 이 장에서는 사회 교과의 주제를 중심으로 진행하였던 온책읽기 수업을 소개하겠습니다.

① 사회 교과를 중심으로 한 온책읽기 수업

사회 교과의 핵심 주제를 중심으로 온책읽기 수업을 진행할 때 가장 중요한 것은 적절한 작품을 선정하는 것입니다. 이때 작품은 사회 교과의 핵심 주제와 밀접하게 연관되어야 하며, 학생의 수준과 흥미를 고려하여 선택해야 합니다. 아래 표는 사회 교과의 주요 주제별로 활용할 수 있는 도서와 영화를 추천한 목록입니다. 특히 굵은 글씨로 표시된 작품은 제가 직접 수업에서 활용해 보았으며, 해당 주제에 적합하다고 생각되는 자료입니다.

⟨사회 교과의 핵심 주제별 활용할 만한 도서 및 영화⟩

핵심 주제	관련 도서나 영화
조선 사회 개혁	[도서] **서찰을 전하는 아이** / 녹두밭에 앉지 마라 [영화] 군도: 민란의 시대
독립운동	[도서] **독립군 소녀 해주** / 독립운동의 슈퍼스타들 / 맞바꾼 회중시계 / 나비가 된 소녀들 / 비밀 지도 / 그날 아이가 있었다 [영화] 봉오동 전투 / 암살 / 동주 / **말모이** / **영웅** / 항거
6·25전쟁, 남북통일	[도서] **아홉 시, 댕댕시계가 울리면** / 온양이 / 그해 유월은 [영화] 태극기 휘날리며 / 공동경비구역 JSA / **웰컴 투 동막골** / **코리아** / **스윙 키즈**
광주민주화 운동	[도서] **오월의 달리기** / 자전거 / 아빠의 봄날 / 슬픈 생일 / 열두 살 삼촌 / 운동화 비행기 / 오늘은 5월 18일 / 씩스틴 [영화] 택시운전사 / 26년 / **화려한 휴가**
6월 항쟁	[도서] 1987 국숫집 사람들 / 유월의 종이비행기 [영화] 1987
민주주의	[도서] 촛불을 들었어 / 빨간 호수 / 장준하 아저씨네 사진관 / 아무도 지나가지 매! / **갈색 아침** / 수탉과 독재자 [영화] 변호인 / 서울의 봄

선거	[도서] **기호 3번 안석뿡** / 오리, 대통령이 되다! / 내가 만약 대통령이 된다면 / 나를 뽑아줘
	[영화] 정직한 후보 / 댄싱퀸
경제 성장	[영화] **국제시장**
노동 인권	[도서] **우리는 내일의 전태일입니다** / 비정규 씨, 출근하세요? / 양들은 지금 파업 중 / 우리 엄마는 청소노동자예요
	[영화] 태일이 / 카트
경제 활동	[도서] **레몬으로 돈 버는 법** / 성냥팔이 소녀의 성공기 / **두두와 해가리개** / 우리 동네 경제 한 바퀴
세계 지리	[도서] **하루 한 번 세계여행**
	[도서, 영화] **80일간의 세계 일주**
지구촌 문제	[도서] **나는 바다 위를 떠도는 꼬마 난민입니다** / 다름
독도	[도서] 독도 수비대 / 우리 독도에서 온 편지 / 독도가 우리 땅일 수밖에 없는 12가지 이유

온책읽기 도서를 선정할 때는 다음 사항을 고려해야 합니다.

먼저, 책의 글밥은 학생의 수준에 적합해야 합니다. 예를 들어, 세계 지리와 관련된 도서인 『80일간의 세계 일주』는 원작이 약 400쪽에 이르고, 내용이 복잡하여 초등학생에게 적합하지 않습니다. 따라서 초등학생이 쉽게 읽을 수 있도록 분량을 줄인 아동용 각색본을 선택하는 것이 좋습니다.

그리고 학생들이 책에 몰입할 수 있어야 합니다. 주인공의 나이가 학생들과 비슷하거나, 줄거리가 흥미롭고 학습 내용과 연관성이 있거나, 책의 이해를 돕는 삽화가 포함된 작품을 선택하면 학생들의 몰입도를 높일 수 있습니다.

마지막으로, 책과 영화가 연계된다면 더욱 풍성한 온책읽기 수업이 가능해집니다. 도서만 읽는 것보다 관련 영화를 함께 활용하면 주제를 더 풍부하고 입체적으로 이해할 수 있습니다. 예컨대, 『우리는 내일의 전태일입니다』라는 책을 읽으며 온책읽기 수업을 진행할 때, 영화 〈태일이〉를 함께 감상하면 노동 인권의 맥락을 생생하게 전달할 수 있습니다.

	사회		기타
세계 지리	**[6사07-01]** 세계 지도, 지구본을 비롯한 다양한 형태의 공간 자료에 대한 기초적인 내용과 활용방법을 알고, 이를 실제 생활에 활용한다. **[추천활동]** 온책읽기(하루 한번 세계여행), 다양한 지도 알아보기, 나라 찾기 퀴즈, 5대양 6대주, 백지도에 클레이로 나라 표시하기	**[6사07-02]** 여러 시각 및 공간 자료를 활용하여 세계 주요 대륙과 대양의 위치 및 범위, 대륙별 주요 나라의 위치와 영토의 특징을 탐색한다.	**실과** [6실04-05] 컴퓨터를 활용하여 자료를 수집, 정리, 표현할 수 있다. **실과** [6실04-06] 실생활 속에서 활용되는 다양한 기술의 특징과 사용 방법을 이해하고 활용할 수 있다. **[추천활동]** 구글 어스로 세계 여행하기 세계 일주 여행 코스 PPT로 만들기
	국어		
	[6국01-05] 매체 자료를 활용하여 내용을 효과적으로 발표한다. **[추천활동]** 여행사 직원이 되어 세계 일주 여행 코스 PPT 자료를 발표하기	**[6국02-01]** 읽기는 배경지식을 활용하여 의미를 구성하는 과정임을 이해하고 글을 읽는다.	

[그림 23] 『하루 한 번 세계여행』 성취기준 모아 보기

세계 지리에 대해 알아보기 위해 제가 선정한 도서는 『하루 한 번 세계여행』입니다. 세계 지리에서 학생들이 배워야 할 내용은 방대합니다. 각 대륙별 나라의 위치, 크기, 인구수, 국기, 문화, 전통 음식, 주요 관광지 등 다양한 지식이 넘쳐나기 때문에 학생들이 쉽게 접근할 수 있도록 안내가 필요합니다. 이 책은 각 대륙의 특징과 나라별 문화, 전통 음식, 주요 관광지를 간단히 소개하고 있으며, 삽화를 통해 초등학생들이 쉽게 이해할 수 있도록 구성되어 있습니다.

② 수업 진행 안내

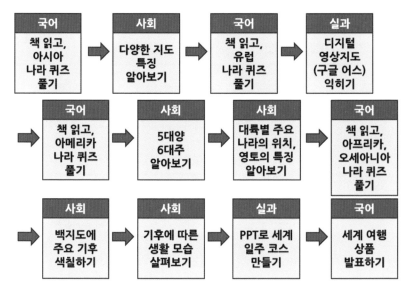

[그림 24] 『하루 한 번 세계여행』 온책읽기 수업 계획

이 수업은 세계 지리와 관련된 사회 교과의 성취기준을 기반으로 하여, 대륙별로 책을 읽고 학습 활동을 진행하는 방식으로 구성되었습니다. 학생들은 아시아, 유럽, 아메리카, 아프리카, 오세아니아 대륙 순으로 책을 읽으며 각 대륙의 주요 국가와 특징을 학습합니다. 책을 읽은 후에는 나라 퀴즈를 풀어보며 학습 내용을 점검하고 흥미를 높일 수 있도록 설계되었습니다.

	문제	정답
①	일본을 구성하는 네 개의 큰 섬의 이름은?	
②	도쿄의 도쿄 타워와 도쿄 스카이 트리는 방송사에서 전파 신호를 보내기 위한 ○○ 탑이다.	
③	베이징의 자금성은 어떤 나라와 어떤 나라의 궁궐이었나요?	
④	마카오에는 어느 나라 식의 성당과 건물이 많이 남아있나요?	
⑤	양과 염소 같은 동물들을 데리고 먹이인 풀을 찾아 돌아다니며 키우는 것을 ○○이라고 한다.	
⑥	칭기즈칸 기념관이 세워진 도시는 어디인가요?	
⑦	태국어 중 카오(Khao)는 무엇을 뜻하나요?	
⑧	왓 프라깨우 사원은 절과 탑이 황금으로 장식되어 있고, 불상은 녹색 빛의 ○○○○로 이루어져있다.	

[그림 25] 세계 나라 퀴즈(예시)

[다양한 지도 특징 알아보기]

학생들은 대륙별로 책을 읽으면서 세계 지도와 지구본을 탐구하여 각 대륙의 나라 위치를 찾아보고, 각 나라의 지리적 특징을 비교하는 활동을 진행합니다. 예를 들어, 세계 지도와 지구본의 특징을 알아보며 상황에 따라 적절한 지도를 선택해 봅니다. 또한, 디지털 영상지도인 구글어스를 활용하여 세계 지리를 더욱 생생하고 시각적으로 탐구할 수 있었습니다.

구글어스는 세계 지리를 학습하는 데 매우 효과적입니다. 다양한 지형을 시각적으로 이해할 수 있기 때문입니다. 학생들은 히말라야 산맥이나 그랜드 캐니언 같은 세계의 중요한 지역의 다양한 지형(산맥, 평야, 사막, 해안선 등)을 파악할 수 있었습니다. 또한, 구글어스의 좌표 기능을 활용하여 경도와 위도의 개념을 쉽게 이해할 수 있습니다. 파리의 에펠탑이나 이집트의 피라미드와 같은 세계의 주요 도시나 문화유산을 찾아보는 것도 학생들이 흥미를 느끼는 활동이었습니다.

이 외에도 구글어스의 거리 측정 도구를 활용하여 중국의 만리장성 길이를 재거나 주요 도시 간 거리를 비교하는 활동을 통해 학생들이 측정 개념을 자연스럽게 익힐 수 있었습니다. 또한, 시간 슬라이더 기능을 이용해 도시의 확장이나 자연환경의 변화를 시간대별로 확인하는 활동도 진행하였는데, 이를 통해 학생들은 지형과 환경이 시간이 흐르면서 어떻게 변화해왔는지를 직접 관찰할 수 있었습니다.

[그림 26] 구글어스 퀴즈(예시)

이 수업은 사회과의 '여러 시각 및 공간 자료를 활용하여 세계 주요 대륙과 대양의 위치 및 범위, 대륙별 주요 나라의 위치와 영토의 특징을 탐색한다.'는 성취기준을 충족할 수 있도록 구성되었습니다. 학생들은 대륙과 나라의 위치와 범위를 학습하며 다양한 자료를 통해 세계 지리에 대한 이해를 확장할 수 있었습니다.

세계의 주요 기후를 학습할 때 가장 먼저 다룬 내용은 날씨와 기후의 차이를 구분하는 것이었습니다. 대표적인 기후의 종류(열대 기후, 건조 기후, 온대 기후, 냉대 기후, 한대 기후, 고산 기후)를 학습할 때는 백지도를 활용하였습니다. 교과서를 참고하여 기후별로 색을 다르게 하여 백지도에 칠하고, 각 기후에 대한 설명을 적어보면서 학생들이 시각적으로 확인할 수 있도록 하였습니다. 기후에 따른 사람들의 생활 모습은 『하루 한 번 세계여행』의 삽화를 통해 구체적으로 알아볼 수 있었습니다.

이 과정에서 가장 중요한 부분은 세계 여러 나라의 생활 모습이 다르게 나타나는 이유를 이해하는 것입니다. 나라별 생활 모습의 차이는 주로 자연환경, 특히 기후 때문이라는 것을 깨달아야 합니다. 학생들이 이러한 내용을 학습을 통해 유추해 낸다면, 세계 주요 기후의 분포와 특성을 파악하고, 이를 바탕으로 기후 환경과 인간 생활 간의 관계를 탐구하는 의미 있는 학습이 이루어졌다고 볼 수 있습니다.

[세계여행 상품 소개하기]

모든 책을 읽고 학습을 마친 후, 본격적인 프로젝트 학습으로 이어졌습니다. 이번 활동에서 학생들은 여행사 직원이 되어 세계 일주 상품을 소개하는 과제를 수행했습니다. 먼저 자신이 소개하고 싶은 국가를 선정한 뒤, 그 국가의 기후, 문화, 주요 관광지, 음식 등을 조사했습니다. 이 과정에서 대륙별로 최소한 한 개 이상의 국가를 선택하도록 유도하여, 학생들이 다양한 대륙과 국가를 탐구할 수 있도록 했습니다.

학생들은 각 국가를 소개하는 나라 카드를 제작하고, 이를 PPT 형식으로 정리하여 발표 준비를 하였습니다. 또한, 세계 지도를 활용해 자신이 기획한 세계 일주 여행 코스의 이동 경로를 표시했습니다. 예를 들어, 한 학생은 아시아의 일본에서 시작해 유럽의 프랑스와 아프리카의 케냐를 거쳐 남아메리카의 브라질로 이동하는 방식으로 전 세계를 아우르는 독창적인 여행 코스를 만들어냈습니다. 발표 시간에는 친구들 앞에서 자신의 여행 상품을 소개하며, 다른 친구들의 여행 코스와 비교하는 활동도 진행하였습니다.

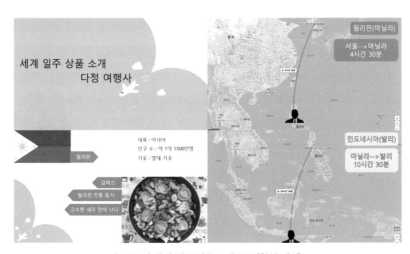

[그림 27] 세계 일주 상품 소개 PPT(학생 예시)

"선생님, 구글어스로 세계 여러 나라를 알아보는 게 재미있었어요. 다른 나라에 대해 더 알아보고 싶어요."

"저는 제가 계획한 것처럼 진짜 세계 일주를 해보고 싶어졌어요."

"물론 많은 시간과 돈이 들겠지만, 언젠가 여러분도 세계여행을 할 날이 올 겁니다. 여러분이 활동할 무대를 우리나라에만 한정 짓지 말고 세계로 시야를 넓혀보세요. 세계 지리에 관심을 가지고 다른 나라에 대해 많이 알아보면, 나중에 세계여행을 하거나 꿈을 펼치는 데 큰 도움이 될 거예요."

이 프로젝트는 단순히 지식 전달에 그치지 않고, 학생들이 스스로 탐구하고 표현하며 세상에 대한 시야를 넓힐 수 있도록 돕는 의미 있는 수업이었습니다. 세계 지리 학습과 연계된 여행사 프로젝트 활동은 학생들에게 세계에 대한 깊이 이해할 수 있게 해주었고, 학습을 통해 꿈을 키울 수 있는 기회도 주었습니다.

사회 교과를 학습하는 가장 효과적인 방법은 사회 현상을 직접 관찰하고, 사회 문제를 해결해보는 활동에 참여하는 것입니다. 그러나 이러한 직접 체험 방식은 교실에서 실행하기 어려운 경우가 많습니다. 시간적·공간적 제약과 안전상의 문제 등이 주요한 한계로 작용합니다.

이러한 어려움을 극복하기 위해 책이나 영화와 같은 작품을 활용한 간접 체험 방식의 학습이 대안으로 제시됩니다. 학생들은 책을 읽거나 영화를 감상하면서 마치 실제로 경험하는 듯한 몰입감을 느낄 수 있습니다. 특히, 사회 현상이 자신의 주변에서 벌어지고 있다는 실감을 할 때, 문제 해결의 필요성을 깨닫고 학습에 대한 동기와 흥미를 자연스럽게 가지게 됩니다.

온책읽기 수업은 이러한 간접 체험 방식을 통해 사회 교과의 주제를 중심으로 깊이 있는 학습을 가능하게 합니다. 한 권의 책을 통해 복잡하고 어려운 내용을 통합적으로 학습함으로써, 학생들은 단순한 정보 전달을 넘어 다각적이고 깊이 있는 이해를 할 수 있습니다.

또한, 온책읽기 수업을 프로젝트 학습과 결합하면 학습 효과가 더욱 극대화됩니다. 학생들은 책에서 얻은 지식을 바탕으로 문제 상황을 해결하며, 스스로 탐구하고 협력하는 과정을 통해 문제 해결 능력과 사회적 기술을 함께 키울 수 있습니다.

이처럼 책을 읽고 이를 통해 세상과 소통하며, 협력과 탐구의 기회를 제공하는 온책읽기 수업. 한 번 시도해 볼만하지 않나요?

프로젝트 수업 :
'나의 첫 회사생활' PBL 수업
- 교실과 세상을 넘나들며 배우다

    사회 교과는 인간의 삶과 밀접한 관련이 있는 학문입니다. 사회 교과를 통해 학생들은 우리 주변에서 일어나는 다양한 문제들을 이해하고, 이를 해결하기 위한 방법을 고민해 볼 수 있습니다. 그러나 교과서에만 의존하여 학습한다면, 학생들이 배움의 즐거움을 느끼기 어려울 것입니다. 교과서만으로는 학생들에게 생동감 있는 학습 경험을 제공하기 힘들기 때문입니다.

    그래서 학생들이 사회 현상을 체험하고 문제를 해결하는 활동에 참여하는 경험이 필요하다고 생각했습니다. 예를 들어, 학생들이 지역사회에서 발생하는 문제를 탐구하고 이를 해결하기 위해 스스로 아이디어를 제안하는 프로젝트 활동을 진행할 수 있습니다. 우리나라의 정치 제도에 대해 배울 때는 학급을 행정부(정부), 입법부(국회), 사법부(법원)로 나누어 모의 정치 게임을 진행할 수도 있습니다.

    이처럼 사회 교과를 생동감 있게 학습하기 위해 가장 적합한 방법 중 하나는 바로 PBL(Project-Based Learning) 수업입니다. 이번 글에서는 제가 실제로 적용했던 사회 교과 중심의 PBL 수업을 소개하고자 합니다.

① 사회 교과를 중심으로 한 PBL 수업

PBL(Problem-Based Learning) 수업은 문제 기반 학습으로, 학생들이 실생활과 관련된 문제를 해결하는 과정을 통해 스스로 학습하고 지식을 습득하는 교육 방법입니다. PBL 수업의 가장 큰 특징은 실생활의 문제가 중심이 되며, 학생들이 협력하여 문제를 해결하는 과정에서 학습과 평가가 이루어진다는 점입니다.

제가 진행했던 PBL 수업은 사회 교과의 경제 단원에서 시작되었습니다. 요즘 학생들이 경제 개념에 익숙하지 않다는 고민에서 출발했죠. 학급을 조사해 보니, 정기적으로 용돈을 받고 그 돈을 계획적으로 사용하는 학생은 10%도 채 되지 않았습니다. 대부분의 학생이 필요할 때마다 부모님께 카드를 받아 사용하는 경우가 많았습니다. 이는 돈의 소중함을 체감할 기회가 부족하다는 것을 의미합니다.

이런 상황에서 학생들이 가계, 기업, 시장 등 경제 활동을 직접 체험하며 경제 개념을 익힐 수 있도록 '나의 첫 회사생활' PBL 수업을 계획했습니다.

	사회		**기타**

	사회			**기타**
경제 활동	**[6사06-01]** 다양한 경제 활동 사례를 통해 가계와 기업의 경제적 역할을 파악하고, 가계와 기업의 합리적 선택 방법을 탐색한다.	**[6사06-02]** 여러 경제 활동의 사례를 통하여 자유 경쟁과 경제 정의의 조화를 추구하는 우리나라 경제 체제의 특징을 설명한다.		**실과 [6실02-06]** 간단한 생활 소품을 창의적으로 제작하여 활용한다.

[추천활동]
다양한 기업의 종류(개인회사, 합자회사, 주식회사)
경제 구조 역할놀이 = <시에서 유치원 의자를 구입하려고 한다 300개>
(개인사장1-기술자2, 주식사장1-주주1-기술자5-경리1-홍보1, 정부-교사)
합리적 선택 방법 알아보기

[추천활동]
목재, 아크릴 활용 의자 만들기
설계 도면 그리기, 주문하기, 제작하기, 홍보·판매하기

국어

[6국01-04] 자료를 정리하여 말할 내용을 체계적으로 구성한다.	**[6국03-01]** 쓰기는 절차에 따라 의미를 구성하고 표현하는 과정임을 이해하고 글을 쓴다.

[추천활동]
구직활동 체험하기
① 이력서, 계획서 쓰기·자기 PR 하기(사장, 주주)
② 취업 면접보기(기술자, 경리, 판매)

[그림 28] '나의 첫 회사생활' 성취기준 모아 보기

이번에 소개할 프로젝트 수업은 학생들이 직접 회사를 설립하고, 제품을 제작하며, 판매를 위한 홍보 활동까지 경험하는 과정을 포함합니다. 이 활동을 통해 학생들이 경제 활동에 대해 학습할 수 있도록 관련 성취기준을 모아보았습니다.

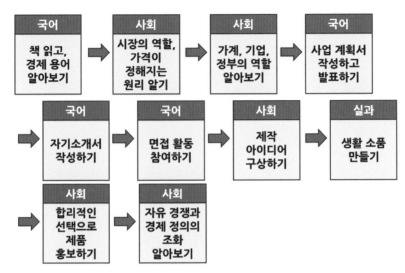

[그림 29] '나의 첫 회사생활' PBL 수업 계획

[경제 용어 알아보기]

학생들이 경제 관련 용어에 익숙하지 않은 점을 고려하여, 첫 단계에서는 『레몬으로 돈 버는 법』이라는 짧은 그림책을 활용했습니다. 이 책은 레모네이드를 만들어 판매하는 과정을 통해 소비자, 제품, 기업 등 경제 용어를 자연스럽게 학습할 수 있도록 구성되어 있습니다.

2,500원이 나의 레모네이드 가격이야. 조니가 돈을 내면, 나는 레모네이드를 판매한 거야. 이때 조니는 소비자라고 해. -『레몬으로 돈 버는 법』 중에서

학생들은 이 책을 읽으면서 기업, 생산과 소비, 경쟁, 임금 등 중요한 경제 용어를 자연스럽게 익힐 수 있었습니다. 책을 읽은 후, 핵심 경제 용어를 빈칸으로 표시한 문

제를 풀게 하였더니 학생들이 재미있게 학습에 참여할 수 있었습니다. 경제 용어를 쉽게 학습할 수 있었을 뿐만 아니라, 내용도 흥미로워서 프로젝트 수업의 첫 단계로 매우 효과적이었습니다.

그 후, 경제 활동은 사람들에게 필요한 물건을 만들거나 생활을 편리하게 해주는 생산 활동과, 생산된 물건을 사용하거나 서비스를 이용하는 소비 활동으로 나뉜다는 것을 학습하였습니다. 이 차시에서는 주변에서 일어나는 경제 활동 사례를 살펴보고, 각각이 어떤 경제 활동에 해당하는지 구분하는 활동을 통해 학습을 진행했습니다.

[그림 30] 경제 활동 종류 구분하기

6학년 경제 단원의 핵심은 경제 활동에서 합리적 선택을 할 수 있는 능력을 기르는 것입니다. 이를 위해 학생들은 자원의 희소성에 대해 학습하고, 가계, 기업, 개인의 입장에서 합리적 선택을 실습하는 활동을 진행했습니다.

먼저, 학생들은 물건, 돈, 시간과 같은 자원이 제한적이라는 점을 이해했습니다. 그후, 친구들과 의견을 나누며 각자의 상황에 맞는 기준을 세워 합리적인 선택을 연습했습니다. 예를 들어, 학생들은 한정된 예산으로 가상의 쇼핑 목록을 작성하거나 여러 가지 옵션 중 가장 적합한 물건을 선택하는 상황을 제시받았습니다. 이 과정에서 자연스럽게 우선순위를 정하고 비용과 편익을 비교하며 합리적 선택을 체득할 수 있었습니다.

선택의 문제가 생기는 이유는?

물건　　돈　　시간

자원의 희소성

합리적 선택을 해봅시다

② 오늘 할머니 생신에 먹을 음식은?

피자

불고기

조개구이

합리적 선택을 해봅시다

① 치킨 가게 사장, 어떤 치킨을 만들까?

후라이드 치킨

마늘간장 치킨

고추치즈 치킨

③ 어떤 필통을 살까?

[몰랑 파우치 필통]
3,000원
- 푹신함
- 캐릭터가 귀여움

[몬스터 철제 필통]
4,000원
- 튼튼함
- 오래 쓸 수 있음

[대용량 필통]
10,000원
- 많이 넣을 수 있음
- 칸이 나누어져 있음

[그림 31] 합리적 선택하기

다음으로, 학생들은 시장의 기능과 역할, 화폐의 발달, 그리고 가격이 정해지는 원리를 학습했습니다. 시장이 생산자와 소비자가 만나 교환 활동을 하는 장소임을 배우고, 다양한 시장의 유형과 그 특징을 탐구했습니다. 또한 화폐의 발달 과정과 그 중요성을 다루어, 물물교환에서 화폐 경제로 전환된 배경과 이유를 이해했습니다.

이러한 개념은 '나의 첫 회사생활' 프로젝트에서 학생들이 회사를 설립하고 운영하는 과정을 통해 직접 경험하고 실천할 수 있도록 설계되었습니다. 학생들은 제품 가격을 결정할 때 수요와 공급, 경쟁 상황을 고려하였으며, 홍보 및 판매 활동을 진행하면서 경제 개념을 자연스럽게 적용하였습니다.

['나의 첫 회사생활' 프로젝트 시작]

본격적인 프로젝트는 학생들이 직접 회사를 설립하는 과정으로 시작되었습니다. 먼저 학생들은 각자 사장이 되기 위해 사업 아이디어를 구상했습니다. 이후 사업계획서를 작성하고 발표하였으며, 동료 평가를 통해 수익성이 있는 사업계획서를 선별했습니다. 이 과정에서 학생들은 자연스럽게 회사 설립과 운영 원리를 이해하게 되었습니다.

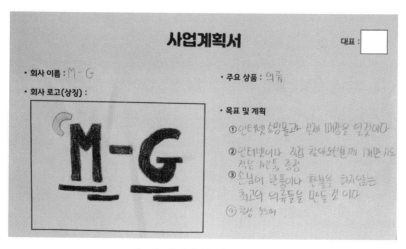

[그림 32] 사업계획서(학생 예시)

사장으로 선발된 학생들은 회사 운영을 위해 팀원을 모집하는 모의 면접을 진행했습니다. 나머지 학생들은 자신의 강점을 어필할 수 있는 자기소개서를 작성하고 면접에 참여했습니다.

모의 면접임에도 불구하고 학생들은 진지하게 활동에 임하였고, 이를 통해 사장, 기술팀, 홍보팀, 재무팀 등 역할별로 구성된 기업이 탄생했습니다. 학생들이 몰입할 수 있도록 출입증을 만들어주었더니, 일주일 내내 목에 걸고 다니는 모습이 인상적이었습니다.

학생들은 사업계획서나 자기소개서를 작성하는 활동을 통해 국어과의 '자료를 정리하여 말할 내용을 체계적으로 구성한다.'는 성취기준에 충족할 수 있었습니다.

<자기소개서>

이름 :

[인사말]

안녕하세요. 저는

[나의 장점]

저의 장점을 알려드립니다.

[나의 다짐이나 목표]

저는 회사를 위해서

< S.M. 면접 체크리스트>

면접관 : 대표 000

면접 번호	면접자 이름	면접 기준(★, ◦, ○)			채용 (기술팀장, 홍보팀장, 재무팀장)
		자신감	설득력	적합성	
1번					
2번					
3번					
4번					
5번					
6번					
7번					
8번					

[그림 33] 자기소개서 및 면접 체크리스트 양식

[그림 34] 회사 출입증(예시)

[제품 개발과 홍보]

드디어 각 기업이 본격적으로 활동을 시작할 시간이 되었습니다. 이번에 학생들에게 주어진 프로젝트는 '연필꽂이 제작 프로젝트'였습니다. 학생들은 팀별로 아이디어 회의를 진행하며 창의적인 연필꽂이를 설계했습니다. 저는 교사로서 정부의 역할을 맡아 공공 프로젝트를 제시하였고, 학생들은 이를 해결하기 위해 머리를 맞대고 아이디어를 구상하였습니다.

학생들은 설계 도면에 자신들이 만들고자 하는 연필꽂이의 구체적인 치수와 디자인을 작성했습니다. 이후, 우드락을 주재료로 사용하여 모형을 제작했으며, 우드락 커터기와 본드를 활용하여 손쉽게 제작할 수 있었습니다. 우드락은 가벼우면서도 다루기 쉬운 재료로, 실습수업에 적합하였습니다.

완성된 연필꽂이는 각 팀의 독창적인 아이디어가 돋보였습니다. 예를 들어, 동물 모양으로 제작된 연필꽂이나 다용도로 활용할 수 있는 공간을 추가한 작품 등 실용성과 창의성을 동시에 갖춘 다양한 작품들이 선보였습니다.

[그림 35] 아이디어 연필꽂이(학생 예시)

제품 모형 제작이 완료된 후, 각 팀은 물품 판매를 위한 홍보계획서를 작성했습니다. 홍보계획서에는 물품명, 재료(실제 제작 시 사용할 재료), 디자인(색상, 모양, 크기 등), 특징(실용성, 튼튼함 등), 판매 가격 등이 포함되었습니다.

학생들은 교사인 저에게 자신들의 제품을 홍보하며, 제품이 선정될 수 있도록 열정적으로 발표했습니다. 이번 수업에서는 실과 교과의 성취기준인 '간단한 생활 소품을 창의적으로 제작하여 활용한다.'를 달성하기 위해 창의성, 실용성, 디자인을 평가 기준으로 설정하였습니다.

이 활동은 단순히 제품을 제작하는 데 그치지 않고, 아이디어 구상 → 제작 → 홍보로 이어지는 경제 활동의 전 과정을 경험할 수 있는 유익한 단계였습니다.

2 물품을 만들고 홍보해봅시다.

[주제1]	연필꽂이
홍보계획서	
물품명	
재료	
디자인 (아름다움)	
특징 (실용성, 튼튼함 등)	
판매 가격	

[그림 36] 홍보계획서(양식)

[수업 마무리]

마지막으로 수업을 마무리하며, 학생들은 프로젝트 활동에 대한 소감을 나누었습니다. 그리고 프로젝트 학습을 통해 알게 된 우리나라 경제 활동의 특징을 정리해 보았습니다. 이를 통해 학생들은 여러 경제 활동의 사례를 통하여 자유 경쟁과 경제 정의의 조화를 추구하는 우리나라 경제 체제의 특징을 설명할 수 있게 되었습니다.

"자유 경쟁이란 시장에서 기업이나 개인이 정부의 간섭 없이 자유롭게 경쟁하는 경제 체제를 말해요. 그동안 우리가 했던 '나의 첫 회사생활' 수업에서 자유 경쟁이 나타났던 순간이 있었을까요?"

"여러 회사가 자기 물건을 팔려고 경쟁했어요."

"우리가 연필꽂이를 자유롭게 디자인해서 만들었잖아요."

"그리고 우리 회사가 만든 제품이 잘 팔릴 수 있도록 가격도 마음대로 정할 수 있었어요."

"맞아요, 잘 찾았네요! 그런데 자유 경쟁이 항상 긍정적인 결과만 가져오는 건 아니에요. 돈이 적은 사람들은 경제 활동에 참여할 기회가 점점 줄어들고, 기본적인 생활도 어려워질 수 있죠. 그래서 정부가 나서서 과도한 불평등이 생기지 않도록 법을 만들고 복지 제도를 마련해요. 이걸 경제 정의라고 해요. 우리나라 경제는 이렇게 자유 경쟁과 경제 정의가 균형을 이루고 있다고 볼 수 있어요."

'나의 첫 회사생활' 수업은 PBL(프로젝트 기반 학습)의 다양한 특징을 반영하고 있습니다.

첫 번째로, 실제 문제를 해결하는 과정을 통해 학습이 이루어졌습니다. 학생들은 기업 운영이라는 현실적인 문제에 도전하여 직접 채용, 제품 개발, 홍보 등의 과정을 경험했습니다. 이처럼 실생활과 밀접하게 연결된 문제를 해결하는 방식은 PBL(문제 기반 학습) 수업의 중요한 특징 중 하나입니다.

두 번째로, 학생 중심의 학습이 이루어졌습니다. 학생들은 스스로 사장과 직원의 역할을 맡아 회사 경영과 관련된 여러 의사결정을 주도적으로 내렸습니다. 교사는 안내자의 역할을 하며 학생들이 자기 주도적으로 문제를 해결할 수 있도록 지원하였고, 이를 통해 학생들은 학습의 주체가 될 수 있었습니다.

세 번째로, 협력적인 학습이 강조되었습니다. 학생들은 팀을 이루어 기업을 운영하고 아이디어 제품을 함께 개발하며 다양한 업무를 분담했습니다. 서로 협력하여 목표를 달성하는 과정은 PBL 수업의 협력 학습 요소를 잘 보여줍니다.

네 번째로, 과정 중심 평가가 이루어졌습니다. 학생들의 창의성, 문제해결능력, 협동심 등을 평가하였으며, 아이디어 제품을 기획하고 실행하는 전 과정을 중시하는 평가 방식이 적용되었습니다. 이처럼 과정 자체를 중시하는 평가는 PBL 수업의 핵심 요소입니다.

그러나 PBL 수업이 성공하기 위해서는 교사의 철저한 사전 준비가 필수적입니다. 수업 계획이 치밀하지 않으면 원하는 목표를 달성하기 어렵기 때문입니다. 또한, 교사는 학생들을 믿고 안내자로서 한 발 뒤로 물러나 있어야 합니다. 실패조차 학습 과정의 일부로 받아들이고, 학생들이 자기 주도적으로 학습할 수 있는 환경을 조성해야 합니다.

PBL 수업은 정답이 정해진 암기식 수업과는 다르게 변화하는 시대에 적응할 수 있는 역량을 길러줍니다. 배운 지식을 실제 문제에 적용하여 몸으로 익힐 수 있는 기회를 제공하기 때문에 이 수업은 학생들에게도 깊은 의미가 있었고, 교사로서도 큰 보람을 느낄 수 있었습니다. PBL 수업은 가장 이상적인 학습 형태 중 하나라고 생각됩니다.

프로젝트 수업 :
'자랑스러운 우리 경상남도' 공동 교육과정
- 작은 학교들이 모여 배움을 나누다

작은 학교에서 소인수 학급을 주로 맡아온 저는 종종 학생 수 부족으로 인한 수업의 한계를 느끼곤 했습니다. 알뜰 시장이나 협동 학습과 같은 학생들이 서로 소통하며 배우는 활동 중심의 수업을 진행하고 싶어도, 학생 수가 부족해 어려움을 겪었습니다. 그래서 어쩔 수 없이 다른 학년과 연계하여 수업을 진행할 수밖에 없었습니다.

그러던 중, 공동 교육과정을 접하게 되었습니다. 인근 학교와 지역 교육청에서 소인수 학급 간 연계 수업을 공개적으로 운영하는 모습을 참관할 기회가 있었습니다. 우리 지역처럼 작은 학교가 많은 곳에서는 학생 수로 인한 한계를 극복할 수 있는 참신하고 효과적인 방법이라는 생각이 들었습니다. 그래서 저희 반은 인근 학교의 동학년과 함께 공동 교육과정을 운영하기 시작했습니다.

이번 글에서는 작은 학교의 한계를 극복하고, 함께 배우는 기쁨을 맛볼 수 있는 공동 교육과정을 소개하고자 합니다.

① 공동 교육과정으로 운영하는 협력 학습

공동 교육과정은 작은 학교의 소인수 학급끼리 연계하여 하나의 주제를 정해 공동으로 교육과정을 계획하고 함께 학습하는 프로젝트 수업의 한 형태입니다. 이는 일종의 협력 수업으로 볼 수 있습니다.

처음 공동 교육과정을 접했을 때는 거부감이 있었습니다. 우리 학급만으로도 수업이 벅찬데 다른 학급까지 함께 이끌어야 한다는 생각에 큰 부담을 느꼈습니다. 그러나 학기 초 교육과정을 재구성하면서 생긴 고민이 저를 공동 교육과정으로 이끌었습니다.

학생들은 사회 교과의 역사 단원에서 '우리 지역을 대표하는 유·무형의 문화유산을 알아보고, 지역의 문화유산을 소중히 여기는 태도를 갖는다.'와 '우리 지역과 관련된 역사적 인물의 삶을 알아보고, 지역의 역사에 대해 자부심을 갖는다.'는 성취기준을 학습해야 했습니다. 그러나 학급의 학생 수가 적어 충분한 학습을 진행하기 어려웠습니다. 경상남도에는 18개의 시·군이 있지만, 학생 수가 적다 보니 학습에서 다루는 내용의 폭이 좁아질 수밖에 없었기 때문입니다. 이때 얼마 전에 접했던 공동 교육과정이 떠올랐습니다.

다행히 인근 학교의 동학년 선생님과 뜻이 일치하여, 이 단원을 공동 교육과정으로 운영하기로 했습니다. 두 학급을 통합하니 학생 수가 충분해졌고, 덕분에 원활한 학습이 가능할 것 같았습니다.

더불어 매년 새로운 친구를 만나는 큰 학교와 달리, 작은 학교의 학생들은 낯선 친구들과 소통할 기회가 부족하다는 현실도 우리가 공동 교육과정을 운영하게 된 주요 이유 중 하나였습니다. 그래서 성취기준을 넘어 학생들이 새로운 친구들과 만나고 친해지는 경험을 제공하는 것도 공동 교육과정의 중요한 목표로 삼았습니다.

사회		기타
[4사03-03] 우리 지역을 대표하는 유,무형의 문화유산을 알아보고, 지역의 문화유산을 소중히 여기는 태도를 갖는다.	**[4사03-04]** 우리 지역과 관련된 역사적 인물의 삶을 알아보고, 지역의 역사에 대해 자부심을 갖는다.	미술 **[4미02-01]** 재료와 용구를 탐색하여 표현에 활용할 수 있다.
[추천활동] 지식(문화유산 분류 – 유형/무형), 우리나라 대표 문화유산/인물 조사 방법(인터넷, 책, 면담), 답사(계획-답사-보고서) 문화유산 보호 노력, 유네스코 지정 문화유산		**[추천활동]** 문화유산 입체적으로 만들기 클레이아트(마을교사 활용)

경상남도 역사적 인물, 문화유산

국어

[4국01-06] 예의를 지키며 듣고 말하는 태도를 지닌다. **(3발표, 6회의, 9한글)**	**[추천활동]** 문화관광해설사가 되어 문화유산/인물 소개하기 발표할 때의 태도, 들을 때의 태도 학습하기

[그림 37] '자랑스러운 우리 경상남도' 성취기준 모아 보기

이번에 소개할 '자랑스러운 우리 경상남도' 공동 교육과정은 [그림 37]에서 보이는 것처럼 사회, 국어, 미술 교과의 성취기준을 통합하여 구성되었습니다.

학생들은 경상남도의 각 도시를 대표하는 유·무형 문화유산과 역사적 인물을 조사하고, 이를 바탕으로 문화관광해설사가 되어 친구들에게 소개하는 활동을 진행합니다. 또한, 미술 수업에서는 클레이 아트를 활용해 각자의 문화유산을 재현하면서 그 가치를 몸소 체험합니다.

이 과정에서 두 학교의 학생들은 함께 모여 활동을 진행하며 자연스럽게 서로를 알아갑니다. 협동 놀이와 모둠 학습을 통해 학생들은 공동의 목표를 달성하기 위해 협력하는 방법을 배우게 됩니다.

또한, 온라인 학급방을 개설하여 학습 내용을 공유하고 의견을 나누며 물리적 거리를 극복하는 소통의 장을 마련했습니다. 이렇게 다양한 방식으로 이루어진 협력 학습은 학생들에게 단순한 학습 이상의 경험을 선사했습니다.

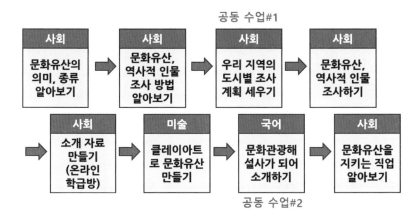

[그림 38] '자랑스러운 우리 경상남도' 공동 교육과정 수업 계획

[문화유산, 역사적 인물 조사 방법 알기]

본격적인 수업에 앞서 학생들은 각 교실에서 '문화유산'과 '역사적 인물'의 개념을 학습하였습니다.

학교에서는 주로 '문화재'라는 용어를 사용해 왔지만, 2024년 5월 17일부터 시행된 '국가유산기본법'에 따라 이제는 '국가유산'이라는 용어가 사용됩니다. 용어 변경의 이유는 크게 두 가지입니다. 첫째, 기존의 문화재 보호법이 일본 법을 인용하여 만들어졌기 때문에 분류가 비체계적이었다는 점입니다. 둘째, '문화재'라는 용어가 재화로서의 성격을 강조하므로, 과거, 현재, 미래를 아우르는 '국가유산'이라는 명칭으로 변경하고 국제 기준인 유네스코 체계에 맞춰 분류를 새롭게 하였다는 것입니다. 학생들에게도 이러한 변화를 소개하는 것이 좋을 것 같습니다.

국가유산은 기존의 유형문화재와 기념물(사적지류)을 포함하는 '문화유산', 기존의 기념물에 해당하는 '자연유산', 그리고 기존의 무형문화재에 해당하는 '무형유산'으로 분류됩니다. 제가 이 수업을 진행할 때는 유형 문화유산과 무형 문화유산으로 나누어 진행하였으나, 앞으로는 새로운 분류를 반영해야겠네요. 다만, 이 장에서는 2015 개정 교육과정에 맞추어 '문화유산'이라는 용어를 사용하고, 유형 문화유산과 무형 문화유산으로만 구분하겠습니다.

역사적 인물은 과거에 중요한 역할을 하였거나 역사적 사건에 영향을 미친 사람들을 의미합니다. 특히 지역 발전에 기여하거나, 지역에서 발생한 중요한 사건에 큰 업적을 남긴 인물들을 역사적 인물로 선정할 수 있습니다.

문화유산과 역사적 인물의 조사 방법은 유사합니다. 그래서 '자랑스러운 우리 경상남도' 공동 교육과정에서는 이 두 주제를 한 차시로 묶어 수업을 진행했습니다. 우리 지역의 문화유산이나 역사적 인물을 조사하는 방법으로는 '지역 기관의 누리집이나 인터넷 검색', '책이나 문서, 기록물 찾기', '전문가와의 면담', '관련 장소 답사(현장 체험)'가 있습니다. 저희 학급은 이미 몇 주 전에 지역 박물관을 방문하여 인터넷 검색, 기록물 찾기, 전문가 면담, 답사 등 다양한 조사 방법을 경험할 수 있었습니다.

[공동수업#1 : 조사 계획 세우기]

두 학교의 학생들이 처음으로 만나는 날입니다. 저와 파트너 선생님은 낯선 환경에서 협력 수업이 원활하게 진행될 수 있도록 학생들이 서로의 마음을 열 수 있는 다양한 활동을 준비했습니다.

수업은 강당에서 시작되었습니다. 학생들은 자유롭게 강당을 돌아다니며 친구들에게 인사하고 이름을 물어보았습니다. 활동지에 친구들의 사진과 이름을 적어보는 시간을 통해 서로에 대해 알아갈 수 있었습니다.

그다음, 두 학급의 학생들이 고루 섞이도록 모둠 배정을 진행했습니다. 모둠장은 3학년 때 배웠던 우리 고장의 역사를 주제로 한 퀴즈를 통해 선정하였으며, 모둠장이 모둠원을 고르게 하는 방식으로 구성하였습니다. 이 과정에서 학생들은 자연스럽게 지난 학습 내용을 복습할 수 있었습니다.

새롭게 만난 친구들과 인사하기!

규칙, 하나

새롭게 만난 친구에게
반갑게 인사하고
이름 묻고 답하기

규칙, 둘

친구의 이름을
오래 기억할 수 있도록
활동지에 이름을 쓰기

다음은 고성 오광대의 탈입니다.
탈의 이름은?

ㅁ ㄸ ㅇ

말뚝이

[그림 39] 첫 만남 – 마음 열기(인사, 모둠 배정)

이제 모둠원들끼리 친해질 차례입니다. 학생들의 흥미를 유발하기 위해 다양한 퀴즈 활동을 준비했습니다. 지도의 특징 퀴즈, 유형·무형 문화유산 선택 퀴즈, 우리나라의 인물 TOP 10 퀴즈, 경남 도시 빙고 등을 통해 학생들이 흥미롭게 참여할 수 있었습니다. 협동심을 발휘한 모둠에는 경남 도시 카드를 지급했습니다. 이 카드는 이후 각 모둠이 조사할 도시를 선택할 때 우선권으로 사용되었습니다.

[그림 40] 모둠 퀴즈

　모둠 퀴즈를 통해 획득한 도시 카드를 활용하여, 각 모둠은 경상남도의 도시 중에서 문화유산과 역사적 인물을 조사하고자 하는 도시 2곳을 선정했습니다. 도시가 정해진 후, 모둠원끼리 역할을 분배하고 구체적으로 조사할 내용을 계획하는 시간을 가졌습니다.

첫 만남의 활동은 학생들이 자연스럽게 협력하여 조사 주제를 정리하는 것으로 마무리되었습니다. 이번 시간은 학생들에게 새로운 친구를 사귀고 함께 학습하는 즐거움을 느끼게 해 준 유익한 경험이었습니다.

[그림 41] 모둠별 조사할 도시 정하기

[조사하고 발표 자료 만들기]

학생들은 이번 차시 동안 각 모둠이 선정한 경상남도의 도시를 중심으로 문화유산과 역사적 인물을 조사하고, 이를 발표 자료로 정리하는 활동을 진행했습니다.

학생들은 지역 기관의 누리집, 관련 서적, 기록물 등을 활용하여 조사 활동을 진행했습니다. 조사 범위를 명확히 하기 위해 발표 자료에 포함해야 할 필수 항목을 사전에 안내했기 때문에 학생들은 어떤 정보를 중심으로 조사해야 하는지를 쉽게 이해할 수 있었습니다. 이러한 사전 안내는 조사 활동의 효율성을 높이는 데 큰 도움이 되었습니다.

학생들은 조사 내용을 바탕으로 발표 자료를 PPT 형식으로 정리했습니다. 발표 자료에는 다음과 같은 항목을 반드시 포함하도록 하여 체계적으로 정보를 정리할 수 있도록 지도했습니다.

- 유형·무형 문화유산 발표 자료에 포함할 내용: 사진, 도시, 주소, 시대, 특징
- 역사적 인물 발표 자료에 포함할 내용: 사진이나 그림, 도시, 이름, 직업, 시대, 업적

[그림 42] 문화유산 및 역사적 인물 발표 자료(학생 예시)

발표 자료를 제작한 후, 학생들은 온라인 학급방에 완성된 자료를 업로드했습니다. 학급방에서는 모둠원 간의 의견을 나누며 자료를 보완하거나, 다른 모둠의 자료를 참고여 부족한 점을 개선할 수 있었습니다. 댓글을 통해 서로의 작업에 대해 피드백을 주고받는 과정을 통해 협업 능력과 비판적 사고 능력을 키울 수 있었습니다.

[클레이 아트로 문화유산 만들기]

문화유산을 학습할 때 가장 효과적인 방법은 직접 현장을 방문하여 눈으로 보고 직접 체험하는 것입니다. 예를 들어, 박물관에서 도자기를 관찰하며 그 가치를 설명 듣거나, 성벽을 걸으며 임진왜란 당시 우리 조상들이 어떤 마음으로 지역을 지켰는지를 느끼는 학습이 이루어진다면 진정한 배움이 일어날 가능성이 큽니다. 하지만 현실적으로 그러한 학습 기회를 매번 제공하기는 어렵습니다.

그래서 우리는 대신 문화유산의 모형을 클레이 아트로 만들어보기로 했습니다. 마침 제가 근무하는 지역에서는 '마을교사와 함께하는 행복교실 프로젝트'라는 공모사업을 통해 마을 자원을 활용한 교육과정이 지원되고 있었습니다. 이 사업 덕분에 클레이 아트 전문가인 마을교사를 초청할 수 있었습니다.

학생들은 전문가의 지도 아래 클레이 아트의 기초를 체계적으로 배웠습니다. 먼저 클레이라는 재료의 특성을 탐구하고, 기본적인 조형 기법을 배웠습니다. 클레이를 굴려 공 모양으로 만들고, 원통 형태로 길게 늘이며 클레이 아트의 기초를 익혔습니다.

[그림 43] 클레이 아트로 문화유산 만들기

기본기를 익힌 뒤, 학생들은 각자 만들고 싶은 문화유산을 선택했습니다. 문화유산 모형을 만들기 위해 학생들은 선택한 문화유산의 사진을 자세히 관찰하고, 각 부분의 구조와 특징을 이해했습니다. 그 후, 손으로 클레이를 직접 다루며 모형을 하나씩 완성해 나갔습니다.

학생들은 첨성대, 도자기, 다보탑 등을 클레이로 직접 만들었으며, 이 과정에서 자연스럽게 문화유산에 대한 관심과 이해를 깊이 있게 발전시킬 수 있었습니다. 단순히 교재를 통해 배우는 것을 넘어, 직접 만들어보는 경험을 통해 문화유산의 가치와 아름다움을 몸소 체험하는 소중한 시간이 되었습니다.

[공동수업#2 : 문화관광해설사가 되어 발표하기]

두 번째 만남이 있던 날, 학생들의 반응은 다양했습니다. 오랜만에 만나 서먹해 하는 학생들도 있었고, 이미 친해져서 반갑게 껴안으며 "보고 싶었어."라고 말하는 학생들도 있었습니다.

수업은 간단한 놀이 활동으로 시작했습니다. 학생들은 서로의 이름을 부르며 게임에 참여하면서 다시 마음을 열고 친밀감을 높여 보았습니다.

각 모둠은 함께 발표 자료를 살펴보고, 발표 내용과 관련된 퀴즈를 만들어보는 시간을 가졌습니다. 퀴즈를 내면서 모둠원들의 발표 자료를 다시 한번 살펴볼 수 있었고, 발표를 주의 깊게 듣도록 유도하는 동기부여가 되었습니다.

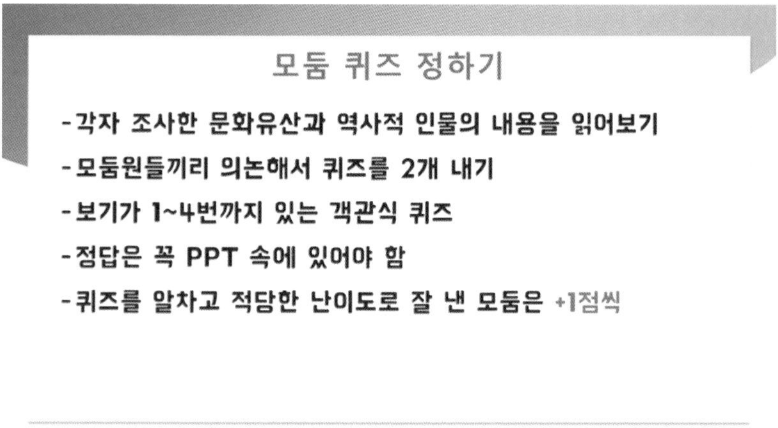

모둠 퀴즈 정하기

- 각자 조사한 문화유산과 역사적 인물의 내용을 읽어보기
- 모둠원들끼리 의논해서 퀴즈를 2개 내기
- 보기가 1~4번까지 있는 객관식 퀴즈
- 정답은 꼭 PPT 속에 있어야 함
- 퀴즈를 알차고 적당한 난이도로 잘 낸 모둠은 +1점씩

[그림 44] 모둠 퀴즈 안내

이제 학생들은 문화관광해설사가 되어 자신들이 조사한 경상남도의 도시별 문화유산과 역사적 인물을 다른 친구들에게 소개할 순서입니다. 학생들은 화면에 띄워진 발표 자료를 보며 마이크를 들고 알맞은 태도로 발표하였습니다. 국어과 성취기준 '예의를 지키며 듣고 말하는 태도를 가진다.'에 맞춰 높임말을 사용하고, 적절한 목소리 크기와 속도, 정확한 발음으로 발표하도록 지도하였습니다.

발표를 듣는 학생들의 태도도 중요하다고 생각하여, 경청 태도를 지속적으로 점검했습니다. 비록 낯선 친구들 앞에서 발표하는 것을 두려워하는 학생들도 있었지만, 모두 진지한 자세로 최선을 다해 발표했습니다.

모둠별 발표가 끝난 후에는 퀴즈를 통해 친구들이 발표 내용을 잘 이해했는지 확인하였습니다. 또한, 문화관광해설사 역할을 해본 소감을 나누는 시간을 가졌으며, 학생들은 문화유산과 역사적 인물에 대한 관심을 가지고 이를 지켜나가겠다는 다짐을 하였습니다.

[수업 마무리 : 협동 사진 찍기]

마지막으로 함께한 추억을 남기기 위해 모둠별로 협동 사진을 찍었습니다. 학생들은 그동안 쌓아온 친밀감 덕분에 함박웃음을 지으며 다양한 포즈로 사진을 촬영했습니다. 첫 만남의 서먹했던 모습은 온데간데없이 사라지고, 조금이라도 더 즐거운 추억을 남기려는 모습이 매우 인상적이었습니다.

사진 촬영을 마친 후, 학생들은 서로에게 아쉬운 마음을 담아 작별 인사를 나누었습니다. "다음에 또 만나고 싶어요."라고 말하며 진정성 있는 마음을 보여주었습니다. 짧은 시간이었지만, 학생들이 깊은 유대감을 형성하고 협력의 가치를 느꼈다는 점에서 큰 보람을 느낄 수 있었습니다.

공동 교육과정을 운영하면서 어려움이 적지 않았습니다. 여러 학급이 함께 모이다 보니 챙겨야 할 사항이 많았고, 놀이 활동이 더해지면서 수업이 산만해질 우려도 있었습니다. 또한, 두 학교의 일정을 고려하여 만남의 날을 조정하고, 학습 내용을 어떻게 공유할지에 대한 고민도 필요했습니다.

이러한 어려움을 극복하는 데 가장 중요한 요소는 파트너 교사와의 협력이었습니다. 저희는 프로젝트 수업을 위해 여러 차례 만나 의견을 나누었고, 수시로 연락을 주고받으며 수업을 계획하고 자료를 준비했습니다. 교사 간의 협력이 없었다면 공동 교육과정의 원활한 진행은 어려웠을 것입니다.

수업이 끝난 후 이어진 '문화유산을 보호하려는 노력 알아보기' 차시에서 학생들로부터 우리의 역사를 지키고자 하는 강한 의지를 엿볼 수 있었습니다. 아마도 공동 교육과정을 통해 문화유산과 역사적 인물에 깊이 몰입하며 학습했던 경험이 학생들에게 큰 영향을 미쳤던 것 같습니다. 그 결과, 학생들은 사회 교과 성취기준인 '우리 지역을 대표하는 유 · 무형 문화유산을 알아보고, 지역의 문화유산을 소중히 여기는 태도를 갖는다.'와 '우리 지역과 관련된 역사적 인물의 삶을 알아보고, 지역의 역사에 자부심을 갖는다.'를 충분히 달성할 수 있었습니다.

학습적인 성과 외에도 큰 보람을 느낀 부분이 있었습니다. 의도한 대로 학생들은 새로운 친구들을 사귀었고, 수업이 끝난 후에도 연락처를 주고받으며 교류를 이어갔습니다. 국어 시간에 다른 학교 친구에게 '보고 싶다.'며 편지를 써 보내는 학생들의 모습을 보며, 저와 파트너 선생님은 2학기에도 공동 교육과정을 운영하지 않을 수 없었습니다. 실제로 2학기에는

'대동방 알뜰시장'이라는 주제로 공동 교육과정을 이어갔습니다.

　공동 교육과정은 소규모 학급이 있는 작은 학교에서 그 한계를 극복할 수 있는 효과적인 수업입니다. 준비 과정은 힘들지만, 교사들이 협력한다면 마치 동학년이 함께 수업을 진행하는 것과 같은 새로운 경험을 할 수 있습니다.

　학교의 한계를 넘어 배움을 확장하는 공동 교육과정, 저는 작은 학교에 있는 동안 지속적으로 운영할 것입니다.

4장

아이들의 마음을
품어주고 싶어요!

[생각을 여는 질문]

스승의 날을 맞아 아이들이

선생님께 마음을 담은 편지를 썼습니다.

그 편지에는 어떤 말이 담겨 있기를 바라시나요?

투명한 소통으로 신뢰를 쌓는다

"어머니, ○○이가 어휘력이 낮아서 학습에 어려움을 겪고 있습니다. 집에서 책을 많이 읽을 수 있도록 도와주세요."

"아이고, 선생님. 그게 쉬운 줄 아세요? 선생님이 아직 애를 안 키워봐서 모르시나 보네요. 부모가 아무리 책 읽으라고 해도 애들은 절대 안 읽어요."

젊은 선생님들은 학부모에게 "아직 애를 안 키워봐서 모를 거다."거나 "내가 우리 아이를 잘 아는데, 그럴 리가 없다."는 말을 종종 듣곤 합니다. 특히 남자 교사인 저는 총각 시절에 이러한 말을 자주 들었습니다. 지금 육아를 하다 보니, 과거에 학부모가 했던 그 말이 비로소 이해가 됩니다. 아이를 키우기 전과 후의 시각은 확실히 다를 수밖에 없기 때문입니다.

그렇지만 제가 학부모에게 드렸던 조언이 합리적이었다는 점은 분명합니다. 문제는 제 말에 힘이 실리지 않았다는 점이었습니다. 아이의 성장을 위해 열심히 상담하고 대화했지만, 학부모들이 저를 온전히 신뢰하지 못한다는 느낌을 받았습니다.

학교에서는 학생들이 가정에서와는 또 다른 모습을 보일 수 있다는 사실을 학부모님들께 알리고 싶었습니다. 아이들이 학교라는 공간에서 다양한 상황을 경험하며 보여주는 또 다른 면모를 통해, 자녀에 대한 새로운 시각을 가지실 수 있기를 바랐습니다. 동시에, 교사가 학생들을 위해 애쓰고 노력하는 모습을 꾸준히 보여드림으로써 학부모님들의 신뢰를 얻고자 했습니다. 이러한 고민을 하던 중에 학부모님들과 소통할 수 있는 새로운 방법인 학급 밴드를 알게 되었습니다.

[그림 45] 학급 밴드(예시)

네이버 밴드 앱이 출시되었을 때, 저는 기존의 학급 홈페이지를 대체할 새로운 도구로 이를 적극 활용하기로 결심했습니다. 당시 대부분의 학교에서는 경남교육정보원이 운영하는 학급 홈페이지를 사용하고 있었고, 이를 권장하는 분위기였습니다. 제가 네이버 밴드 앱을 활용한 학급 밴드를 도입한다고 했을 때 여러 선생님들이 우려 섞인 조언을 해주셨지만, 교장 선생님께서는 저를 지지해 주셨습니다.

"교장 선생님, 기존의 학급 홈페이지는 접속도 어렵고, 사진을 올리는 과정도 복잡합니다. 네이버 밴드를 학급 홈페이지로 활용해 보고 싶은데, 괜찮을까요?"

"주 선생님, 한 번 해보세요. 해보고 잘 안되면 바꾸더라도 일단 시도해 보세요. 잘 운영되면 다른 선생님들께도 꼭 소개해주어야 합니다."

이렇게 시작된 학급 밴드 운영은 예상보다 훨씬 성공적이었습니다. 학생들의 학습 활동이나 결과물을 휴대전화로 즉시 촬영하여 업로드할 수 있었고, 학부모와의 소통도 훨씬 원활해졌습니다. 전달 사항도 쉽게 안내할 수 있었으며, 학부모님들이 학급 밴드에 남긴 응원의 댓글과 메시지는 저와 학생들에게 큰 힘이 되었습니다.

주변 선생님들에게 학급 밴드의 장점을 적극적으로 소개하며, 소통의 새로운 가능성을 함께 나누었습니다. 시간이 지나면서 학급 밴드 외에도 클래스123, 구글 클래스룸, 위두랑과 같은 다양한 플랫폼들이 등장했습니다. 이제 많은 선생님들이 기능과 접근성이 뛰어난 앱을 활용하여 학급운영을 성공적으로 하고 있습니다.

학급 밴드를 통해 저는 학부모들에게 교실에서 일어나는 일들을 투명하게 공개했습니다. 물론 부끄러운 순간도 있었습니다. 칠판에 삐뚤게 판서한 글씨나 완성도가 부족한 학생 작품을 공개할까 고민한 적도 많았습니다. 하지만 교육 활동이 항상 완벽할 수는 없다는 점을 인정하며 부족한 점까지 보여주기로 했습니다. 이는 신뢰를 쌓는 중요한 과정이었습니다.

학급일지를 활용한 역량 그래프를 가정에 통지한 것도 이러한 이유 때문이었습니다. 역량 그래프에는 학생들이 학교에서 참여한 교육 활동과 생활 모습을 사실적으로 기록했습니다. 이 그래프는 학생들의 장점을 칭찬하는 동시에, 약점을 보완할 수 있는 구체적인 방법을 안내하는 도구로 활용되었습니다. 이를 통해 학부모는 자녀가 학교에서 어떤 모습으로 성장하고 있는지를 더 명확히 알 수 있었고, 학생 역시 스스로의 발전 방향을 이해할 수 있었습니다.

가을 학기에 OO이는 '시장에서 만나요' 공동 수업이나 모둠 활동에서 친구들과 협동하여 문제를 해결하고 잘 참여하는 등 협동심을 보였습니다. 전주 참배움 체험학습에서 팀장이 되어 팀원들을 잘 이끌고, 필요할 때 도움을 주며 리더십을 보였습니다. 친구들에게 상황에 맞는 말과 행동으로 대화 예절을 지켰으며, 친구들과 원만한 관계를 보여주었습니다. 가장 앞자리에 앉아서 적극적으로 수업에 참여하는 모습도 보기 좋았습니다.

하지만 정답이 없는 자신의 생각을 말하는 활동에서 다른 사람의 반응을 걱정하며 주저하는 모습은 여전히 남아 있습니다. 자신감 있게 자신의 생각을 표현할 수 있도록 노력하기 바랍니다. 영어 시간에 단어 평가에서 배운 단어를 바르게 적지 못하여 보충이 필요합니다. 일기 과제를 힘들어하며 빠뜨리는 경우가 많아 혼이 났습니다.

[그림 46] 역량 그래프(학생 예시)

[그림 46]을 보면, 이 학생은 모둠 수업에서 협동심과 리더십을 발휘하며 대화 예절도 바르고 수업 참여 태도 또한 훌륭했습니다. 그러나 발표에는 다소 소극적이며, 영어 학습이 부족하고, 일기 과제를 하지 않아 혼이 났다는 점도 기록되어 있습니다.

학생의 단점을 기록할 때면 "혹시 학부모님께서 불쾌해하시지는 않을까?" 하는 걱정이 들곤 했습니다. 아이를 소중히 여기는 부모님의 마음을 생각하면 더욱 조심스럽게 다가갈 수밖에 없었습니다. 그러나 다행히도 지금까지 불편한 감정을 직접적으로 표현하신 분들은 없었습니다. 오히려 부모님들께서는 아이의 긍정적인 면과 함께 개선이 필요한 부분을 솔직히 공유하는 제 진심을 신뢰로 받아들여 주신 것 같았습니다.

학부모와의 상담도 학생의 성장과 학급운영에 있어 매우 중요하다고 생각합니다. 새 학년을 맡게 되면 며칠 이내에 모든 학부모님께 전화를 걸어 "올 한 해 잘 부탁드립니다."라고 제 마음을 전합니다. 이는 제가 먼저 학부모님께 다가가 마음을 열고 신뢰를 쌓기 위한 첫걸음입니다.

학부모 상담주간에도 저만의 상담 방법이 있습니다. 1학기에는 교사가 학부모님께 학생에 대한 질문을 드리는 형식으로 상담을 진행하고, 2학기에는 학부모님께서 궁금한 점을 질문하는 방식으로 전환합니다.

상담주간에는 주로 학생의 학업, 교우 관계, 건강 등을 주제로 다루며, 학급일지와 역량 그래프를 상담의 근거 자료로 활용합니다. 이를 통해 학부모님은 자녀의 학교생활에 대한 객관적인 정보를 얻을 수 있으며, 상담의 신뢰도 또한 높아집니다.

"어머니, 이번에는 제가 ○○이를 관찰하며 파악한 내용을 말씀드릴게요. 궁금하신 점이 있으시면 바로 물어보셔도 좋습니다. 먼저 ○○이는 학급일지를 보니까 문장력이 좋아서 글도 잘 쓰고, 영어 수업 시간에 참여하는 태도도 좋았습니다. 그런데 수학 교과에서 분수의 덧셈과 뺄셈에 관한 문제를 푸는 것을 어려워했네요."

"집에서 학습지를 푸는데도 왜 그럴까요?"

"제 생각에는 3학년 때 배운 분수의 개념에 대해 알지 못해서 그런 것 같습니다. 제가 보충 학습 시간에 한 번 점검해 보겠습니다."

"쉬는 시간에 친구들과의 관계는 좀 좋아졌나요?"

"작년에 친구들과 자주 다투어서 걱정이 많으셨죠? 제가 쉬는 시간에 관찰해 보니까 대화 예절을 배우고 나서 친구들과 소통이 자연스러워졌습니다. 예쁜 말을 쓰게 되면서 다툴 일이 줄어든 것 같아요."

상담주간이 아니더라도 학부모와 자주 연락을 주고받는 편입니다. 학생이 다치거나 친구와 다툼이 있었을 때, 혹은 수업 중 잘못된 태도로 혼이 난 경우에도 학부모님께 직접 연락을 드립니다. 학생을 통해 간접적으로 학부모에게 전달될 경우 상황이 왜곡되거나 오해가 생길 수 있기 때문입니다.

상담을 마칠 때는 항상 학부모님께 신뢰를 줄 수 있는 말을 덧붙입니다.

"어머니, 저는 선생님과 학부모가 가까워지는 것이 자녀의 교육에 큰 도움이 된다고 생각합니다. 언제든지 도움이 필요하시거나 궁금한 점이 있으면 편하게 연락 주십시오. 저는 항상 열려 있습니다."

아동학대와 교권 침해 등으로 인해 고통받는 선생님들의 기사를 볼 때마다 마음이 무겁고 안타깝습니다. 저 또한 비슷한 경험을 한 적이 있어,

앞으로 더 큰 문제에 휘말리게 되지는 않을까 하는 걱정을 하게 됩니다.

이런 상황 속에서 최근 많은 학교에서는 교사의 개인 연락처를 학부모에게 공개하지 않는 방향으로 바뀌고 있으며, 딥페이크(Deepfake)[10]를 이용한 초상권 침해와 같은 문제를 예방하기 위해 학급 홈페이지를 운영하지 않는 사례도 점점 늘어나고 있다고 합니다. 이러한 변화는 교사와 학생 모두의 안전과 권리를 보호하기 위한 대처로 보입니다. 그러나 동시에 교사와 학부모 간의 소통을 어떻게 효과적으로 이어갈지에 대한 고민도 깊어지는 것 같습니다.

"한 아이를 키우기 위해서는 온 마을이 나서야 한다."

학생이 올바르게 성장하기 위해서는 교사의 노력만으로는 한계가 있습니다. 학교와 가정이 함께 목소리를 내고 협력할 때 비로소 더 큰 교육적 효과를 기대할 수 있습니다. 이렇듯 학교와 가정의 신뢰와 협력이 중요하다는 믿음 때문에, 저는 어려움 속에서도 소통의 가치를 포기하지 않기로 결심했습니다.

신뢰라는 방패를 바탕으로 스스로를 지키며, 학부모님들과 열린 마음으로 소통하기 위해 학급을 투명하게 공개하는 방식을 선택했습니다. 제 노력이 학부모와의 신뢰를 쌓는 밑거름이 되길 바랐고, 이를 통해 학생들이 더 나은 환경에서 성장할 수 있기를 희망했습니다.

나아가, 모든 선생님들이 불안함 없이 학생들의 성장을 위해 마음껏 노력할 수 있는 세상, 그리고 교사들의 노력이 정당하게 인정받고 보호받는 환경이 하루빨리 자리 잡기를 간절히 바랍니다.

---

10) 딥페이크(Deepfake)는 인공지능 기술을 활용해 기존의 영상, 사진, 음성 등을 조작하여 가짜 콘텐츠를 만드는 기술을 의미합니다.

빙글빙글 돌아가는 회전목마 같은 상담

"선생님, 저 오늘 점심시간에 상담 신청해도 돼요?"

"오늘은 ○○이랑 상담하기로 했었는데, 어쩌지? 너는 내일 상담해 줄 게."

"어? 내일은 제가 상담 신청하려고 했는데요?"

"그럼 너는 내일 아침에 상담해 줄게. 휴~ 선생님이 너희랑 상담하느라 쉴 틈이 없네."

수업 준비와 업무 처리 능력은 예전보다 훨씬 나아졌지만, 여전히 학교 생활은 바쁘기만 합니다. 쉬는 시간이나 점심시간에도 차 한 잔의 여유를 느낄 틈이 없이 상담 일정이 빽빽하게 채워져 있으니까요.

새 학기가 시작되면 며칠 동안 교실은 화목합니다. 새로운 선생님 앞에서 잘 보이고 싶어 하는 마음에 학생들은 자신의 본성을 숨기지만, 그게 숨겨질 리가 없죠. 일주일쯤 지나면 마치 주머니 속의 송곳처럼 학생들의 개성이 하나둘 드러나기 시작합니다. 그러면서 교실 내의 다툼과 문제가 점점 늘어나게 됩니다.

"여러분, 속상하거나 짜증 나는 일이 생겼다고 해서 친구에게 그 감정을 쏟아내면 안 돼요. 친구도 아직 어리기 때문에 여러분의 마음을 온전히 이해하기 어려울 수 있거든요. 그런 마음은 선생님과 상담하면서 푸는 것이 가장 좋습니다. 선생님은 여러분의 이야기를 들어주고, 감정을 이해해 줄 수 있어요. 그러니까 언제든지 필요할 때 상담을 신청하세요."

학기 초에는 상담을 신청하는 학생이 많지 않습니다. 대부분의 학생들은 여전히 친구에게 자신의 감정을 쏟아내고, 친구는 그보다 더 강한 감정으로 되받아치며 서로 상처를 주고받죠. 그러다 문제가 발생하면, 저는 그 학생들을 데리고 집단 상담과 개별 상담을 이어갑니다.

그렇게 몇 차례 상담을 거치고 나면, 상담을 신청하는 학생들이 점차 늘어납니다. 자신의 이야기를 누군가 들어주는 것만으로도 아이들은 마음이 풀리곤 합니다. 상담을 통해 안정감을 느끼고, 마치 내 편이 생긴 듯한 위로를 받나 봅니다. 한 학생이 상담이 좋았다고 말하면, 그 소문을 들은 친구가 또 상담을 신청합니다. 이 과정이 반복되면서 제 여유 시간은 점점 줄어들게 됩니다.

"선생님, 남자애들 때문에 진짜 짜증 나요."

"왜? 무슨 일이 있었어?"

"아니, 쉬는 시간에 공기놀이하는데 남자애들이 너무 시끄럽게 하잖아요."

"뭘 하길래 그렇게 시끄러웠을까?"

"포켓몬스터 놀이를 하나 봐요. '피카츄! 백만 볼트!' 막 이러면서 지들끼리 소리치니까 공기놀이에 집중이 안 돼요."

"그렇구나. 그럼 선생님이 남자애들한테 조금만 조용히 해달라고 얘기해 볼게."

"네, 감사합니다."

요즘 아이들은 참 짜증이 많습니다. 하지만 그보다는 감정을 다양한 언어로 표현하는 데 서툴러서 자신의 기분을 '짜증'이라는 단어로 뭉뚱그려 표현하는 것이 아닐까 싶습니다. 흥미로운 점은 이야기를 들어주는 과정에서 대부분의 짜증이 자연스럽게 해소된다는 것입니다. 감정을 귀 기울여 들어주기만 해도 학생들은 마음을 진정시키는 경우가 많더군요.

물론 학생들의 말이 때로는 어이가 없고 답답하게 느껴질 때도 있습니다. 하지만 그런 마음을 숨기고 "선생님은 너의 말을 귀 기울여 듣고 있어."라는 태도를 보이면 상담의 효과가 커집니다. 학생들은 자신의 이야기가 존중받고 있다고 느낄 때 감정이 풀리고 관계가 회복되기도 합니다.

"얘들아, 아까 왜 싸웠니? 선생님은 너희를 말리느라 어떤 일이 있었는지 제대로 보지 못했는데 한 명씩 이야기를 좀 해줄래? ○○이부터 얘기해 볼까?"

"있잖아요. △△이가 제 필통을 발로 찼어요!"

"아니 그게 아니고….'

"○○이가 말할 차례야. △△이는 조금 기다려줘. ○○아, 조금 더 자세히 말해줄래?"

"아까 과학 시간 마치고 교실에 들어가는 △△이가 제 필통을 차는 걸 봤어요. 필통이 열리면서 연필이랑 지우개가 다 날아갔어요. 그래서 화가 나서 따졌어요."

"아, 그랬구나. 친구가 네 필통을 차는 걸 보고 화가 났구나. 그럼 △△이도 얘기해 볼래?"

"그런데요, 선생님. 저는 일부러 찬 게 아니었어요. 친구랑 술래잡기하다가 바닥에 떨어져 있던 필통을 차게 된 거였어요."

"일부러 그런 게 아니었구나. 그래도 친구의 물건을 찼으니까 사과는 했니?"

"아니요. 사과할 시간도 없이 ○○이가 달려와서 막 따지길래 당황해서 못했어요."

"그럼 지금이라도 사과할 마음이 있니?"

"네, ○○아. 네 필통을 차서 미안했어."

"나도 미안해. 일부러 그런 줄 알았어."

교실에서 일어나는 친구 사이의 갈등은 대부분 사소한 오해에서 비롯됩니다. 상담을 통해 아이들의 이야기를 차분히 듣고 상황을 정확히 파악하다 보면, 갈등은 쉽게 해소되는 경우가 많습니다. 이러한 과정을 반복하다 보면 학생들은 자연스럽게 문제를 스스로 해결하는 방법도 배우게 됩니다.

"선생님, 사진을 보니까 우리 애 자리가 뒤쪽이더라고요. 키도 작고 눈도 안 좋은데 괜찮을까요?"

"아, ◇◇이 자리가 제일 뒤쪽이라서 놀라셨나 보네요. 말씀을 드리자면, 저희 반은 매달 자리를 바꾸는데 ◇◇이가 그 자리를 직접 선택했답니다. 앞자리가 비어 있는데도요."

"정말요? 왜 그랬을까요?"

"아마 친해지고 싶은 친구가 근처에 있어서 그랬을 거예요. 혹시 ◇◇이가 칠판이 잘 안 보여서 걱정되신다면 제가 글씨를 좀 더 크게 써볼게요. 그리고 한 달이 지나면 또 자리를 바꿀 거니까 그땐 앞자리에 앉도록 권유를 해보겠습니다."

"네, 신경 써주셔서 감사합니다."

이처럼 학부모와의 상담은 자녀의 학교생활을 이해하는 데 중요한 역할을 합니다. 자녀가 학교에서 어떻게 지내는지 궁금해하는 학부모에게 교사는 필요한 정보를 제공하고, 자녀의 상황을 함께 고민하는 동반자 역할을 해야 합니다.

최근에는 교사들을 악성 민원으로부터 보호하기 위해 학교 내에 학교장 직속의 '민원 대응팀'을 마련하여 교사를 대신해 민원을 처리하도록 하고 있습니다. 선생님들이 악성 민원에 시달리지 않도록 하는 정책의 취지에는 공감합니다. 그러나 개인적으로 민원과 상담은 구분되어야 한다고 생각합니다.

학부모 상담은 학부모가 자녀의 학교생활을 이해하는 데 중요한 과정입니다. 모든 학부모와의 연락을 민원으로 규정할 경우, 오히려 선생님과 학부모 간의 소통이 단절될 우려가 있습니다. 따라서 민원은 민원대로 적절히 처리하되, 교육을 위한 상담은 활성화할 수 있는 제도가 필요합니다.

학생들을 지도하다 보면 가끔 교사가 일방적으로 판단을 내리고 처분을 내리는 경우도 있습니다. 마치 판사처럼 말이죠. 하지만 학교는 법원이 아닙니다. 우리는 학생들이 스스로 상황을 이해하고 문제를 해결하도록 돕는 역할을 해야 하지 않을까요? 저는 상담을 통해 학생들이 자발적으로 해결책을 모색하는 경험이 학교의 중요한 역할이라고 생각합니다.

어제도, 오늘도 이어지는 상담. 학생들이 큰 변화 없이 매번 비슷한 문제로 찾아오는 모습에 답답함을 느낄 때도 있습니다. 하지만 그런 순간에도 온화한 표정으로 아이들의 이야기를 들어주고 그들의 투정을 받아줍니다. 상담은 끝없이 빙글빙글 도는 회전목마와 같지만, 회전목마를 타고 기뻐하는 아이들의 모습을 보는 것이 교사의 보람이기에 오늘도 열심히 상담이라는 회전목마를 돌려봅니다.

교실 상담 이야기 :
네 마음속 고릴라가 화를 낸다면

학교는 흔히 사회의 축소판이라고 불립니다. 그만큼 다양한 성향의 학생들을 만날 수 있으며, 예상치 못한 여러 사건들도 경험하게 되지요. 저역시 전문 상담가는 아니지만, 아이들이 겪는 어려움을 함께 극복할 수 있도록 꾸준히 상담을 시도해 왔습니다. 때로는 부족함을 느끼기도 했지만, 이러한 노력들이 쌓여 나름의 노하우를 얻을 수 있었습니다.

혹시 지금 교실에서 학생 문제로 인해 힘들어하고 계신 선생님들께 조금이라도 도움이 되고자 제가 겪었던 몇 가지 상담 사례를 소개하려고 합니다. 이 글에 등장하는 학생들의 이름은 모두 가명으로 설정되었음을 미리 알려드립니다.

[태양이와의 첫 만남]

태양이(가명)는 제가 담임을 맡기 전부터 학교에서 유명한 학생이었습니다. 고집이 세고 화를 자주 내어 선생님들 사이에서는 종종 하소연의 대상이 되었죠. 그런데 지나가며 본 태양이는 또래보다 왜소한 체구에 항상밝게 웃는 모습이었기에, 들었던 이야기와는 사뭇 다른 인상이었습니다. 그러던 중, 태양이의 진짜 모습을 마주할 기회가 생겼습니다.

그날은 국악관현악단을 초청한 특별 수업이 있는 날이었습니다. 한복을 곱게 차려입은 강사님들이 국악기를 하나씩 들고 찾아오셨습니다. 학생들은 학년에 따라 가야금, 거문고, 아쟁, 피리, 소금 등 다양한 국악기를 배울 수 있는 기회였죠. 그때, 다목적실에서 큰 소리가 들려왔습니다.

"왜 나만 안 되는 거야! 내 거만 이상하잖아! 부숴버릴 거야! 으악!"

태양이었습니다. 태양이와 3학년 학생들은 다목적실에서 가야금을 배우고 있었습니다. 처음에는 신기한 악기를 직접 만져볼 수 있어 흥미를 보였지만, 악기를 배우다 보니 생각만큼 잘되지 않았나 봅니다. 태양이는 다른 친구들보다 가야금을 잘 다루지 못하자 갑자기 화를 내며 소리를 질렀습니다. 심지어 가야금을 던지려는 시늉까지 했습니다.

저는 곧장 달려가 태양이와 가야금을 떼어놓았습니다. 그 순간, 태양이는 눈에 불을 켜고 저를 노려보며 거친 말을 쏟아냈습니다.

"네가 뭔데 내꺼 뺏어가? 내꺼 내놔! 내놓으라고!"

순간 저는 당황했습니다. 태양이는 선생님이라는 사실을 전혀 의식하지 못한 채, 분노를 거침없이 표출하고 있었습니다. 어떻게 해야 할지 머릿속이 복잡해졌습니다.

'차분히 대화로 풀어야 할까? 아니면 강제로 제압해야 하나? 다른 아이들이 수업을 받고 있는데 이렇게 대치하고 있어도 괜찮을까?'

여러 가지 생각이 스쳐 지나갔지만, 정작 몸은 움직이지 않고 멍하니 서 있었습니다.

그때 마침 교감 선생님께서 제 곁을 스쳐 지나가셨습니다.

"너, 이리 와!"

교감 선생님은 상황이 익숙한 듯 태양이를 번쩍 안아 들고 2층으로 올라가셨습니다. 나중에 알게 된 사실이지만, 태양이의 담임 선생님을 위해 교감 선생님께서 평소 태양이 문제로 많은 도움을 주셨다고 합니다. 교감 선생님은 태양이를 가야금에서 멀리 떨어뜨리고 진정할 시간을 주셨습니다.

그날 이후, 저는 그 상황에서 바로 대처하지 못했던 제 모습이 계속 마음에 걸렸습니다. 태양이가 왜 그렇게 화를 냈는지, 앞으로 비슷한 일이 발생하면 어떻게 대응해야 할지에 대한 고민이 깊어졌습니다. 얼마 지나지 않아 새 학년이 시작되었고, 저는 태양이의 담임을 맡게 되었습니다.

[영어 시간에 생긴 일]

4학년 학생들과 처음 만나는 날, 저는 언제나처럼 선입견 없이 아이들을 대하려고 노력했습니다. 태양이의 문제 행동에 대해서는 이미 알고 있었지만, 직접 겪기 전까지는 겁먹지 않기로 했습니다. 새로운 담임 선생님에게 잘 보이려는 건지, 아니면 처음 만나는 남자 선생님이 신기해서인지, 태양이도 처음에는 즐겁게 학교생활을 이어갔습니다.

그러던 중, 첫 영어 수업 시간이 다가왔습니다. 원어민 선생님께서 아이들과의 첫 만남을 위해 많은 준비를 해오셨고, 저는 선생님의 스타일을 파악하기 위해 시간을 드렸습니다. 원어민 선생님은 간단한 영어로 아이들과 인사를 나누고 수업 규칙을 설명하기 시작하셨습니다. 하지만 4학년 수준에는 다소 어려웠나 봅니다.

"You have to raise your hand to ask a question."

"뭐라고요? 선생님, 지금 원어민 선생님이 뭐라고 하신 거예요?"

"질문하고 싶으면 손을 들어야 한다고 하셨어요."

제가 원어민 선생님의 말을 해석해 주는 상황이 몇 번 반복되었습니다. 그런데 제일 앞자리에 앉아 있던 태양이의 표정이 심상치 않았습니다. "그게 무슨 말이냐고? 못 알아듣겠다고!"라며 혼잣말을 하던 태양이의 손이 부들부들 떨리기 시작했습니다.

"다 알아듣지 못해도 괜찮아. 선생님이 쉽게 안내해 줄게."

"그래도 지금 하나도 모르겠다니까요!"

태양이는 결국 참지 못하고 영어 교과서를 바닥에 힘껏 던졌습니다. 교실은 삽시간에 정적에 휩싸였습니다. 아주 짧은 순간, 저는 머릿속으로 생각했습니다.

'이건 그냥 넘어가서는 안 돼. 이런 행동을 묵인하면 태양이는 계속해서 분노를 이렇게 표출할 거야.'

저는 곧장 원어민 선생님께 양해를 구하고 수업을 잠시 중단했습니다. 모든 학생에게 눈을 감고 책상에 엎드리라고 지시했습니다. 그리고 태양이에게 다가갔습니다.

"너 지금 뭐 하는 거야!"

"저 선생님이 하는 말, 하나도 모르겠다고요!"

"화가 난다고 해서 책을 집어 던져서는 안 돼! 여기에는 너만 있는 게 아니야. 네 행동 때문에 모두 놀랐잖아. 수업 시간에 이렇게 화를 내면서 책을 던지는 것은 예의 없는 행동이야."

태양이는 손을 부르르 떨며 눈에 핏줄이 서도록 저를 노려보았습니다. 저도 질 수 없었습니다. 단호한 표정으로 그 앞에 굳건히 서 있었습니다. 둘은 한참 동안 그렇게 대치했습니다.

5분쯤 지났을까요? 태양이의 눈에서 타오르던 불꽃이 조금씩 사그라지는 게 느껴졌습니다. 숨소리가 잦아들고, 화가 가라앉는 듯했습니다. 지금이 기회입니다.

"아직도 화가 나?"

"네⋯."

"그래도 아까보다 나아졌지?"

"네⋯."

"원어민 선생님의 말을 알아듣지 못해 답답했을 너의 마음은 이해해. 하지만 그렇다고 그렇게 화내고 책을 던지는 건 용납할 수 없어. 폭력적이고 예의 없는 행동이었어. 너도 네 행동이 잘못됐다고 생각하니?"

"네⋯."

"앞으로는 화가 나도 참고 조절해 보자. 선생님이 도와줄게. 그리고 원어민 선생님과 친구들에게 사과하자."

"선생님, 죄송해요. 친구들아, 미안해."

다행히 이번에는 태양이의 기세에 눌리지 않고 단호하게 대처할 수 있었습니다. 문제 상황을 수습한 후, 새 학기가 시작된 만큼 태양이 어머니께 첫인사를 드리고 상담도 할 겸 전화를 걸었습니다.

"어머니, 안녕하세요. 태양이의 새로운 담임 선생님입니다. 일 년 동안 잘 부탁드립니다."

"네, 선생님. 태양이가 힘들게 할 텐데 그래도 잘 부탁드립니다."

"사실 안 그래도 오늘 영어 시간에 일이 좀 있었습니다. (중략)"

"에휴, 또 그랬나요? 남자 선생님이라 좀 나을 줄 알았는데 안 그렇네요. 솔직히 이제 학교에서 태양이 때문에 연락 안 주셨으면 좋겠어요. 집에선 별문제가 없는데, 학교의 연락을 받을 때마다 힘들어요."

"네? 음… 알겠습니다. 그렇다면 이렇게 하죠. 제가 1학기 동안은 태양이 문제로 연락을 드리지 않고, 제 선에서 해결해 보겠습니다. 여러 방법을 시도해 보고, 결과를 알려드릴게요."

"그래 주시면 저야 감사하죠."

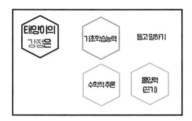 

봄 학기에 태양이는 수업 시간에 적극적으로 발표하고 주어진 과제를 빼먹지 않고 성실하게 해왔습니다. 특히 자신의 생각을 다른 사람들 앞에서 논리적이고 당당하게 말하였습니다. 수학 수업에서 새로운 내용을 배우고 익히는 속도가 빨랐으며, 문제를 정확히 해결하기도 하였습니다. 어떤 활동이든 포기하지 않고 끈기 있게 참여하였으며, 모든 결과물을 완성하는 모습을 보여 대견하였습니다.

하지만 자신이 생각하는 것보다 잘 해내지 못할 것 같거나, 다른 친구들보다 부족할 것 같으면 쉽게 분노하는 모습을 보였습니다. 다른 사람이나 물건, 심지어 자기 자신에게도 분노를 표현하는 상황에 여러 번 상담을 통해 마음을 조절하는 연습을 하고 있으며, 학기초보다 마음이 많이 단단해지고 있으니 가정에서도 응원해주시기 바랍니다. 또래에 비해 운동 능력이 부족한데 스스로 그 상황을 받아들이지 못하여 체육 시간을 좋아하면서도 힘들어합니다. 짜증이 나면 친구들이나 선생님에게도 버릇없이 말하는 경우가 종종 있었습니다.

[그림 47] 태양이의 3~4월 역량 통지표

[태양이의 속사정]

알고 보니 태양이는 또래보다 한 살 어렸습니다. 어릴 때부터 똑똑해서 1년 조기 입학을 했던 터라, 수업 시간에도 열심히 참여하고 또박또박 자신의 생각을 표현하는 편이었습니다.

태양이는 가정에서 늦둥이로 태어났습니다. 형들과의 나이 차이가 많이 나는데, 형들이 공부를 잘해서 서울의 우수 대학에 입학했다는 사실을 자랑스럽게 이야기하며 형들을 동경하는 눈빛을 보이곤 했습니다.

태양이와 상담을 해보니 공부에 대한 압박감이 상당히 커 보였습니다. 아마 가정에서의 기대가 큰 탓이 아닐까 싶었습니다. 태양이의 부모님은 공부의 중요성을 강조하시며, 한 글자라도 더 읽고 공부하라고 하면서 전교에서 가장 빨리 태양이를 학교로 보내셨습니다. 제가 8시 전에 출근해도 이미 교실에는 태양이가 와 있었습니다.

하지만 태양이는 일찍 와서 공부에 몰두했을까요? 그렇지 않았습니다. 태양이는 몰래 휴대전화를 꺼내 영상을 보거나 게임을 하며 시간을 보냈고, 제가 교실에 들어서면 급히 그것을 감추곤 했습니다.

태양이는 욕심이 많아 늘 남들보다 잘해야 한다는 생각을 가지고 있었습니다. 남들보다 문제를 더 빨리 풀어야 했고, 먼저 손을 들어 정답을 맞혀야만 했습니다. 그렇지 못한 날에는 여지없이 분노가 표출되었습니다.

태양이는 공부뿐만 아니라 남들보다 그림도 잘 그리고, 운동도 더 잘하고 싶어 했습니다. 하지만 태양이의 실력은 그러지 못했습니다. 또래에 비해 한 살 어리기도 했고, 끈기 있게 기술을 연습하며 배워야 했지만 태양이는 그런 시간을 참아내지 못했습니다. 실패할 때마다 분노에 휩싸여 능력을 키울 시간을 갖지 못했던 태양이는 특히 소근육을 섬세하게 사용하는 데 어려움을 겪었습니다.

그래서 미술 시간에 섬세하게 색칠을 하거나, 음악 시간에 악기를 연주하거나, 체육 시간에 공을 다루는 활동을 할 때면 화를 주체할 수 없었습니다. 자신이 만족할 만한 실력이 되지 않고, 친구들보다 못하다고 느꼈기 때문이죠.

[본격적인 상담 — 태양이의 마음 알아주기]

　태양이와 상담을 진행하면서 전문가의 도움이 필요하다는 판단이 들었습니다. 그래서 위(Wee) 센터[11]에 상담을 신청하자고 학부모님께 권유했고, 학부모님께서도 동의하셨습니다. 그러나 상담 시간에 미술이나 영어 방과 후 수업을 빠져야 했기 때문에 태양이 어머니께서는 수업을 결석하는 걸 꺼리셨습니다. 어떻게 공부 시간을 뺄 수 있냐면서요. 다행히 긴 설득 끝에 영어 방과 후 수업 시간에 상담을 받는 것으로 합의할 수 있었습니다.

　태양이는 상담 선생님과의 시간을 꽤 즐거워했습니다. 아마도 상담 선생님께서 태양이의 이야기를 잘 들어주셨기 때문일 것입니다. 상담 선생님은 태양이가 유튜브 영상에서 보았던 다양한 이야기를 신나게 늘어놓는다고 말씀하셨습니다. 어쩌면 태양이에게는 수다를 들어줄 사람이 필요했을지도 모릅니다.

"태양아, 아까 체육 시간에는 왜 그렇게 화를 냈니?"

"아니, 공이 지 맘대로 움직이잖아요!"

"공이 네 마음대로 움직이지 않아서 화가 났었구나. 공을 잘 다루려면 많은 연습이 필요해. 아까처럼 화를 내서는 실력이 늘기 어려워. 화를 내기보다는 차분히 연습해야 실력이 늘 거야. 선생님이 도와줄 테니 한번 노력해 볼래?"

---

11) 위(Wee) 센터는 "We(우리) + Education(교육) + Emotion(감정)"의 약자로, 학생들의 심리·정서적 안정과 학교 적응을 돕기 위해 상담, 치유, 교육 서비스를 제공하는 지원 기관입니다.

"네, 다음에는 화가 나도 참아볼게요."

태양이는 욕심이 많았습니다. 자신이 잘할 수 있다면 화도 참아보겠다고 하더군요. 그 뒤로 태양이는 문제가 틀리거나 가위질을 잘못해 작품을 망칠 때마다 화를 내긴 했지만, 예전처럼 물건을 던지거나 거칠게 말을 내뱉지는 않았습니다. 대신 주먹을 꽉 쥐고 속으로 화를 삼키려고 노력했습니다.

"태양아, 지금 화를 참고 있는 거지? 아주 잘하고 있어! 넌 할 수 있어. 선생님이 시간을 충분히 줄 테니까 화가 가라앉을 때까지 차분히 기다려 보자."

"선생님, 이제 괜찮아졌어요. 이제 화 안 나요."

"너무 잘했어. 지금처럼 노력한다면 너는 훨씬 멋진 사람이 될 수 있어."

물론 큰 변화는 아니었지만, 태양이는 조금씩 성장해 갔습니다. 이전에 태양이의 분노를 두려워했던 친구들도 점차 곁으로 다가오기 시작했습니다. 상담 선생님과의 시간도 태양이에게 큰 도움이 되었습니다. 이제 부모님께 연락할 차례입니다.

[부모님께 드리는 부탁]

2학기 학부모 상담 때, 태양이의 어머니께 대면 상담을 요청했습니다. 직접 만나 태양이의 상황을 설명드리고 함께 협력할 방안을 논의하기 위해서였습니다. 그리고 태양이의 어머니께서 교실로 찾아오셨습니다.

"선생님, 태양이는 요즘 좀 어떤가요? 요새도 화를 막 내나요?"

"확실히 전보다 많이 나아졌습니다. 화를 참아보려고 노력하고 있어요. 집에서도 칭찬을 많이 해주시면 좋을 것 같아요."

"아휴, 다행이네요."

"그렇지만 아직 완전히 해결된 것은 아니에요. 5학년이 되면 다시 어려움을 겪을 가능성도 있어요. 그래서 가정에서도 함께 노력해 주시기를 부탁드리고 싶습니다."

"제가 뭘 하면 되죠?"

"첫째로, 태양이에게 공부에 대한 부담을 조금 줄여주셨으면 합니다. 학업에 대한 스트레스가 화를 부르는 주요 원인인 것 같아요. 태양이는 이미 수업에 집중하고 자율적으로 학습하는 태도가 잘 형성되어 있으니, 집에서까지 공부에 대한 압박을 주지 않으셔도 충분히 잘 해낼 거예요."

"그런가요? 다른 부모들만큼 한다고 생각했는데, 그래도 주의할게요."

"둘째로는 태양이가 다양한 경험을 해볼 수 있게 해 주세요. 새로운 것을 배울 때 태양이는 특히 화를 참기 어려워하는 것 같습니다. 새로운 것에서 실수를 겪는 건 당연한 일이니까요. 혼자 심부름을 해보거나 놀이기구를 타보는 등 작은 도전으로 여러 경험을 쌓을 수 있도록 해주시면 좋겠습니다."

"사실 나이가 들어서 늦둥이를 키우는 게 체력도 달리고 힘들었어요. 그래서 여행다운 여행을 가본 적이 없었는데, 태양이한테 좀 미안한 마음이 드네요."

"마지막으로 하루에 10분이라도 태양이와 눈을 맞추고 대화를 나누어 주세요. 아마 대화 주제는 유튜브 영상일 가능성이 크겠지만, 그래도 들어주세요. 태양이가 마음을 터놓고 이야기하지 못해서 화를 조절하기 어려워하는 것 같습니다."

"바빠서 태양이가 말할 때도 제대로 들어주지 못한 것 같아요. 이제부터는 신경 써볼게요."

한 시간 반에 걸친 학부모 상담이 끝난 후, 어머니께서는 태양이를 위해

마음을 다잡으셨습니다. 덕분인지 시간이 지나면서 점차 태양이의 감정이
차분해지는 것 같았습니다. 종업식 무렵에는 태양이를 5학년으로 올려보
내도 되겠다는 생각이 들어 마음이 한결 가벼워졌습니다.

태양이는 학습 능력과 정서 발달의 균형이 맞지 않는 학생이었습니다. 아마 우수한 학습 능력을 바탕으로 한 조기 입학이 정서 발달에 부정적인 영향을 미쳤던 것 같습니다. 태양이는 높은 성취 욕구와 경쟁심 때문에 또래 친구들을 무시하기도 했습니다. 자기중심적인 사고를 하는 경향이 있었으며, 이러한 태도 때문에 또래와의 관계도 원만하지 않았습니다.

특히 기대에 미치지 못하는 결과가 나올 때 태양이는 크게 실망하고 좌절하며, 종종 분노를 표출했습니다. 태양이는 물건을 던지거나 욕설을 하였으며, 심지어 자신에게 상처를 입히는 모습을 보면서 감정 조절 훈련이 절실하다는 것을 느꼈습니다.

태양이가 고집이 세고 자기 통제를 잘하지 못하는 점도 큰 과제였습니다. 화가 나면 쉽게 진정되지 않으며, 주위 사람들에게 부정적인 감정을 지속적으로 표출하는 태도로 인해 문제 상황이 악화되기도 했습니다.

이런 태양이를 위해 저는 다음과 같은 방법을 시도해 보았습니다.

첫째, 분노를 참아내고 긍정적으로 해소할 수 있도록 감정 조절 훈련을 진행했습니다. 화가 날 때는 심호흡을 하고 마음속으로 숫자를 세며 스스로를 다스릴 수 있도록 지도했습니다. 또한 태양이가 화를 참는 모습을 보일 때마다 크게 칭찬하여 자신감을 북돋아 주었습니다.

둘째, 사회성이 부족한 태양이를 위해 상황에 따른 적절한 행동을 알려주었습니다. 친구를 존중하는 방법, 친구들과 대화하는 방법, 그리고 함께 어울리는 방법을 하나하나 가르치고 실천할 수 있도록 도와주었습니다. 또래와의 관계를 개선하는 것은 태양이의 정서 발달에 중요한 부분이었기 때문에, 작은 변화가 생길 때마다 격려하고 지지해 주었습니다.

셋째, 다양한 경험을 통해 결과보다 과정의 중요함을 알도록 했습니다. 성취 욕구를 조절하고 실패를 긍정적으로 받아들이는 방법을 배우도록 다양한 실패 경험도 마주하게 했습니다. 완벽하지 않더라도 성장 과정에서 배우는 것의 가치를 깨닫도록 노력했습니다.

마지막으로, 가정에서도 공부에 대한 스트레스를 줄이고 가족 간의 대화를 통해 감정을 해소할 수 있도록 부모님과 협력했습니다.

태양이는 학습 능력과 정서 발달의 균형이 필요한 아이였습니다. 비록 일 년 남짓한 짧은 시간이었지만, 태양이는 조금씩 자신을 다스리는 법을 배우며 화가 나더라도 참아내는 연습을 할 수 있게 되었습니다. 여전히 자기중심적이고 감정 조절을 힘들어하지만, 작은 변화들이 쌓여 앞으로 태양이가 균형 잡힌 성장을 이루기를 진심으로 바랍니다.

교실 상담 이야기 :
네가 두려움이라는 그림자 뒤에 숨는다면

쉬는 시간에 교실을 둘러보면 참 다양한 성향을 가진 학생들을 볼 수 있습니다. 선생님들은 주로 에너지가 넘치거나 분위기를 주도하는 학생, 혹은 문제 행동을 보이는 학생들에게 눈길이 가기 마련입니다. 하지만 저는 조금 다릅니다. 저는 반응이 느린 학생들에게 더욱 관심이 갑니다. 바로 학급에서 가장 소외당하기 쉬운 학생들이죠.

[그림자 뒤에 숨은 구름이]

"여러분, 이번 국어 시간에는 시를 읽고 생각과 느낌을 나누어 볼 거예요. 오늘 읽을 시는 「등 굽은 나무」입니다. 시 속 주인공은 운동장에 있는 나무에 올라타서 마치 하늘을 나는 말을 탄 듯 여기저기를 돌아다녀요. 여러분도 하늘을 나는 말을 타고 여행한다면 어디로 가고 싶나요?"

"저는 하늘을 나는 말을 타고 제주도까지 가보고 싶어요."

"저는 에펠탑에 올라가 보고 싶어요."

"말이 우주까지도 데리고 가 줄까요?"

"구름이는 하늘을 나는 말을 타고 어디에 가보고 싶어?"

"…"

"선생님, 구름이는 원래 발표를 안 해요. 한 번도 하는 거 본 적 없어요."

4학년 구름이(가명)는 수업 시간에 발표를 하지 않았습니다. 질문을 해도 대답하지 않았고, 교과서나 공책에도 아무것도 적지 않았습니다. 그저 제 눈만 뚫어지게 쳐다볼 뿐이었습니다.

학창 시절 내내 같은 반이었던 친구들은 모두 구름이가 항상 그랬다고 말했습니다.

모둠 활동을 해도 마찬가지였습니다.

"영어 교과서에 나오는 간단한 역할극을 해볼 거예요. 모둠원끼리 의논해서 용왕, 토끼, 자라, 문어 역할을 하나씩 맡아 연습해 주세요."

"구름아, 넌 뭐 하고 싶어?"

"…"

"선생님, 구름이가 아무 말도 안 해요. 구름이는 어차피 역할극 해도 가만히 있을 거예요. 예전부터 원래 그랬어요. 그냥 저희 중의 한 명이 구름이 역할까지 하면 안 돼요?"

모둠 활동 중에도 구름이는 아무것도 하지 않은 채 그 자리에 우두커니 서 있었습니다. 친구들은 그런 구름이와 같은 모둠이 되기를 원하지 않았습니다. 한참을 설득했지만 구름이는 꿈쩍도 하지 않았기에, 결국 다른 친구들의 의견을 따를 수밖에 없었습니다. 친구들은 이러한 상황에 익숙해 보였습니다.

저는 친구들의 그 말이 계속 마음에 걸렸습니다.

"구름이는 원래 그래요."

정말 구름이는 원래 그런 걸까요? 아니, 앞으로도 계속 그럴까요? 구름이가 계속 제 눈에 들어왔습니다. 저는 구름이를 그림자 뒤에서 햇살 앞으로 데려오고 싶었습니다. 그래서 구름이를 위해 작전을 실행하기로 마음 먹었습니다.

[구름이의 속사정]

우선 구름이에 대해 더 자세히 알아보기로 했습니다. 우선 학습 능력을 파악하는 것부터 시작하기로 했습니다. 구름이의 국어, 영어, 수학 교과의 수준을 진단해 보았습니다. 진단 결과는 예상보다 심각했습니다. 구름이는 4학년 내용은커녕 1~2학년 내용에서도 학습 결손을 보였습니다.

영어는 알파벳조차 모르는 상태였기 때문에, 수업 시간에 문장을 이해하거나 단어를 외우는 것은 거의 불가능에 가까웠습니다. 수학 또한 마찬가지로, 받아내림이 있는 뺄셈부터 다시 배워야 했습니다. 학습 능력이 낮은 것이 단순히 노력이 부족했기 때문이 아니라는 점은 분명했습니다.

때마침 '풀 배터리 검사[12]'를 지원하는 사업의 공문이 도착했습니다. 구름이에 대해 더 정확히 파악하고 싶어서 신청했습니다. 다행히 구름이는 대상자로 선정되었고, 어머니와 함께 몇 시간에 걸쳐 전문 상담 선생님과 풀 배터리 검사를 진행하였습니다.

검사 결과, 구름이는 경계성 지능 장애, 즉 느린 학습자로 판별되었습니다. 경계성 지능 장애는 지능 지수가 70~84 사이에 해당하는 경우를 의미합니다. 구름이는 언어 이해 능력과 표현 능력이 현저히 부족했습니다. 이로 인해 수업의 흐름을 따라가기 어려웠고, 친구들과의 관계에서도 소극

---

12) 풀 배터리(Full Battery) 검사는 학생의 인지 기능, 정서 상태, 성격, 행동 등을 포함한 다양한 심리적 영역을 평가하는 검사 방법입니다.

적일 수밖에 없었습니다. 상황을 제대로 파악하지 못해 반응이 느렸고, 항상 뒤처졌던 것입니다.

또한, 구름이는 다문화 가정에서 자랐습니다. 어릴 적부터 어머니와의 의사소통에서 온전한 모국어 학습이 이루어지기 어려웠을 것입니다. 여기에 더해 구름이의 소극적인 성격과 어려운 상황을 회피하는 성향도 문제였습니다. 또래보다 늦게 언어를 익히다 보니 학습 능력도 제대로 성장하지 못했을 것입니다.

구름이가 수업 시간에 발표를 하지 않거나 모둠 활동에서 소극적인 태도를 보이는 것은 단순한 성격 문제로 치부할 수 없었습니다. 구름이의 행동 이면에 있는 복합적인 요인들을 알게 되었습니다. 저는 구름이를 도울 방법에 대해 더 깊이 고민하게 되었습니다.

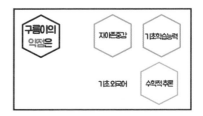

3~4월에 구름이는 공손하고 예의 바르게 말하여 보기 좋았습니다. 항상 다른 사람들을 배려하였으며, 양보하였습니다. 색감이 뛰어나며 색연필을 사용하는 방법을 알고 미술 활동을 즐겨하였습니다. 급식 시간에 음식을 골고루 잘 먹으며 깨끗하게 남기지 않았습니다.

하지만 자신감이 너무 부족하여 많은 활동에 참여하지 못하고 주저하였으며, 친구들과 편하게 대화하지 못하였습니다. 수업 시간에도 질문에 대답을 하지 못하는 일이 많으며, 해내지 못할거라고 단정짓고 시작하지 못할 때 가장 아쉬웠습니다. 글을 읽고 이해하는 이해력, 단어의 뜻을 아는 어휘력, 더하기-빼기-곱하기-나누기 등 기본 연산능력, 알파벳 등 기초학습능력이 또래에 비해 매우 부족하며 생각하는 속도가 더뎌서 지금보다 더 많은 보충학습이 필요합니다. 안내장, 과제 등 자신의 것을 책임감 있게 챙기지 못하여 지적을 많이 받았습니다.

[그림 48] 구름이의 3~4월 역량 통지표

구름이에 대해 파악했으니, 이제 문제를 해결할 차례입니다. 이번 작전은 바로 '구름이와 친해지기'입니다.

구름이처럼 소극적인 학생은 사회성이 덜 발달하여 교사나 친구들과 친해지는 것을 힘들어합니다. 하루 종일 지켜봐도 구름이에게 말을 거는 친구는 없었고, 구름이도 굳이 친구들에게 먼저 다가가지 않았습니다. 오히려 누군가가 다가오면 경계하느라 바빴습니다.

구름이에게는 안정감을 가져다줄 친구가 필요해 보였습니다. 주변을 둘러보니 구름이와 친구가 되어줄 만한 아이가 딱 한 명 있었습니다. 그 아이는 구름이와 비슷한 성향을 지니고 있으며, 배려심이 많고 현명한 하늘이(가명)였습니다. 평소라면 하늘이에게 구름이와 친구가 되어달라고 부탁했을 겁니다. 하지만 저는 그럴 수 없었습니다.

"하늘이 어머니, 하늘이는 3학년 때 교우 관계가 어땠나요?"

"여학생들이 너무 활달하고, 표현이 거침없다 보니 하늘이와 잘 맞는 친구들이 없었어요. 게다가 매년 선생님들이 구름이를 잘 돌봐달라고 하늘이에게 부탁했는데, 그걸 너무 힘들어했어요."

맞습니다. 저희 반의 여학생들은 에너지가 넘치고 주도권 싸움이 치열했습니다. 그 속에서 하늘이와 구름이는 하루를 무사히 보내는 것조차 쉽지 않았을 것입니다. 하루하루 친구들 사이에서 눈치를 보느라 지친 하늘이에게 구름이까지 돌보라는 것은 무리한 부탁이었을 것입니다. 그래서 저는 하늘이에게 부탁하지 않고 다른 방법을 찾아보았습니다. 바로 제가 친구가 되어주는 것이었습니다.

쉬는 시간 동안 구름이는 내내 자리에 앉아 있었습니다. 화장실에 다녀오는 것 외에는 거의 움직이지 않았고, 주변만 관찰하는 듯했습니다.

"구름아, 쉬는 시간이니까 편하게 있어도 돼. 친구들하고 놀아도 되고, 운동장을 산책하고 와도 돼."

"…선생님, 물 마시고 와도 돼요?"

"당연하지, 그런 건 선생님한테 허락받지 않아도 돼. 얼마든지 다녀와."

구름이는 모든 것을 저에게 허락받으려고 했습니다. 두려운 마음이 구름이의 행동을 가로막고 있는 것 같았습니다. 그럼에도 불구하고 3월 내내 말이 없던 구름이가 조금씩 말문을 열기 시작했습니다.

시간이 지나면서 구름이와 작은 대화를 나누기 시작했습니다. 자리에만 앉아 있던 구름이가 어느 순간부터 제 옆을 서성거렸습니다. 구름이는 제 움직임 하나하나를 눈에 담아두는 것 같았습니다.

"음? 구름아, 선생님한테 할 말 있어? 왜 계속 쳐다보고 있어?"

"어… 음….'"

"궁금하면 앞에 나와서 봐도 돼."

(구름이가 천천히 다가온다.)

"선생님, 지금 뭐 하세요?"

"어? 이따가 할 수업 준비하지. 오늘 미술 시간에는 수묵화를 그릴 거야. 그래서 한지랑 벼루랑 붓을 챙기고 있었어."

"벼루가 뭐예요?"

"벼루는 이거야. 여기에 물을 붓고 먹을 갈면 까만 먹물이 생긴단다."

"저거는 뭐예요?"

"저게 먹이야. 돌처럼 딱딱하지?"

"만져봐도 돼요?"

"어, 만져봐."

저는 구름이에 대해 교감 선생님과 깊이 이야기했습니다. 감사하게도 교감 선생님께서는 구름이의 상담에 큰 도움을 주셨습니다. 교감 선생님은 구름이와 점심시간마다 운동장을 산책하며 대화를 나누어 주셨습니다. 이러한 노력 덕분에 구름이는 점차 마음을 열고 학교생활에 조금씩 더 참여하게 되었습니다.

구름이가 저와 어느 정도 대화를 나눌 수 있게 되었고, 마음의 문을 열었다고 느꼈습니다. 이제는 학습 보충을 통해 구름이의 기초 학습 능력을 끌어올릴 차례였습니다.

먼저 전문가의 도움을 받기 위해 '학습 클리닉[13]'을 신청했습니다. 학습 클리닉 선생님은 매주 교실로 오셔서 구름이의 국어 학습 능력을 키우기 위해 문해력 수업을 해주셨습니다. 선생님과 의견을 주고받으며 협력하다 보니 구름이의 변화가 느껴지기 시작했습니다.

저 역시 방과 후 시간에 학습 결손이 있는 학생들을 모아 보충 학습을 진행했습니다. 당연히 여기에는 구름이도 있었습니다. 저는 구름이와 친구들이 예전부터 누적된 학습 결손을 채우기 위해 노력했습니다. 학생들은 자신들의 수준에 맞는 내용을 배우며, 그동안 어려워하던 내용을 천천히 이해하기 시작했습니다. 간식도 나누어 먹고, 학습 보드게임도 하며 열심히 공부했습니다.

---

13) 학습 클리닉은 학습 부진이나 어려움을 겪는 학생들에게 맞춤형 상담과 학습 전략을 제공하여 학업 성취도를 향상시키는 지원 프로그램입니다.

비슷한 공감대를 가지고 있다 보니 보충 학습을 하던 구름이와 아이들은 꽤나 친해졌습니다. 평소에는 볼 수 없던 구름이의 환한 웃음이 그 시간에는 넘쳤습니다. 구름이는 점차 새로운 것을 배우는 걸 두려워하지 않게 되었고, 느리지만 조금씩 성장하고 있었습니다.

[구름이의 성장]

차츰 성장하는 구름이에게는 아직도 큰 산이 남아 있었습니다. 자신감 부족이라는 벽이 여전히 구름이의 앞을 가로막고 있었던 것입니다. 저는 구름이가 그 벽을 허물 수 있도록 용기를 주기로 했습니다.

"자, 오늘 체육 수업은 뜀틀입니다. 처음에는 낮은 높이에서 시작할게요. 도움닫기를 하고, 힘차게 발 구르기를 해서 뜀틀 위에 앉으면 됩니다. 1번부터 출발~!"

한 명씩 힘차게 뛰어와 뜀틀을 넘었습니다. 낮은 높이의 뜀틀 위에 앉기만 하면 되기 때문에 다들 손쉽게 해냈습니다. 뜀틀은 학생들이 아주 재미있어하는 체육 활동이어서 수업 분위기가 밝았습니다. 덕분에 구름이도 표정이 좋네요. 자기도 할 수 있겠다는 눈빛입니다.

드디어 구름이의 차례가 왔습니다. 구름이는 느리지만 열심히 도움닫기를 하며 뜀틀을 향해 달려왔습니다. 하지만 뜀틀 바로 앞에서 발 구르기를 하지 못한 채 멈춰 섰습니다. 가까이 가보니 생각보다 뜀틀이 무서웠나 봅니다.

"구름아, 괜찮아. 뜀틀은 푹신해서 안전하니까 겁먹을 필요 없어. 살짝 뛰어올라서 여기에 앉아볼까?"

주춤거리던 구름이가 조금 뒷걸음질을 치더니 다시 앞으로 달려왔습니다. 그러고는 낮은 뜀틀 위에 살짝 앉아보았습니다. 푹신한 뜀틀이라 구름이도 안전하다고 느꼈는지, 다음번에도 용기를 내어 뛰어올랐습니다. 그렇게 3단계와 4단계를 거치며 구름이는 뜀틀을 열심히 연습했습니다.

구름이는 이 수업이 끝날 때까지 뜀틀을 뛰어넘지 못했지만, 끝까지 포기하지 않고 계속 도전했습니다. 저와 친구들은 그런 구름이를 열심히 응원했습니다. 구름이의 눈빛은 분명 달라져 있었습니다.

음악 시간, 돌아가며 국악 동요를 부르는 시간이 되었습니다. 구름이의 순서가 다가왔습니다. 저는 구름이에게 노래를 부를 기회를 주었고, 언제나처럼 구름이가 주저하다가 포기할 줄 알았습니다. 그런데 이게 웬일인가요? 구름이가 노래를 부르겠다고 했습니다.

구름이가 떨리는 목소리로 노래를 부르기 시작했을 때, 우리는 모두 구름이의 긴장한 마음과 용기를 내려는 마음을 동시에 느낄 수 있었습니다. 친구들도 조용히 귀를 기울였고, 저 역시 뭉클한 마음으로 장단을 맞추며 응원했습니다.

"선생님! 구름이가 노래 부르는 거 처음 들어요."

"우와~ 구름이가 이제 용기가 생겼나 봐요."

"구름아, 정말 잘했어. 이렇게 노래를 부르는 목소리가 예쁜 줄 몰랐네. 다음에도 이렇게 용기를 내렴."

영어 시간에도 변화가 있었습니다. 역할극을 준비하는데, 구름이와 같은 모둠의 친구들이 많은 걱정을 하고 있었습니다.

"연기할 배우가 3명, 소품 준비팀이 1명 필요한데, 어떻게 할까?"

"일단, 구름이는 무대에 서는 걸 힘들어하니까 소품 준비팀 할래?"

"…. (아주 작은 목소리로) 연기할게."

"어? 뭐라고?"

"나 토끼 연기하고 싶어."

"정말? 네가 연기를 할 거라고? 아…. 알겠어. 그럼 구름이가 토끼 역할을 하자."

옆에서 지켜보던 저도 깜짝 놀랐습니다. 구름이가 자진해서 배우 역할을 맡다니! 친구들 앞에서는 발표조차 힘들어하던 구름이인데, 무대에서 연기를 하겠다고 하니 놀라지 않을 수 없었습니다.

영어를 잘하지 못하는 구름이는 처음엔 더듬거렸지만, 저와 친구들의 도움을 받아 결국 토끼 역할을 성공적으로 해냈습니다.

이제는 인정할 수밖에 없습니다. 구름이는 원래 그런 아이가 아니었으며, 용기를 내어 변했습니다.

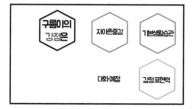

11월에 구름이는 학급에서 가장 놀라운 성장을 보였습니다. 소극적이던 예전과는 달리 어떤 학습 활동에도 빠지지 않고 적극적으로 참여하였으며, 두려워하는 모습이 사라졌습니다. 안내장, 과제 등을 챙기지 않았던 이전 달과는 달리 책임감 있게 자신의 물건을 잘 챙겼으며, 주변 정리를 잘하고 깨끗한 옷차림으로 등교하였습니다. 친구들과 밝게 대화하고 즐거운 표정으로 학교 생활을 하는 모습이 보기 좋았습니다. 일기로 자신의 마음을 담아 글을 써낼 수 있었습니다. 역할놀이, 뮤직비디오 촬영 등 모둠 활동에서 자신에게 주어진 역할을 충실히 해내는 등 협동심을 발휘하였습니다. 꿈끼행복발표회에서 장구, 악기 공연을 당당하게 발표해내었습니다.
수학, 영어 등 교과에서 기초학습능력이 많이 향상되었으나, 아직 부족하니 지금처럼 꾸준히 노력하여 학습 능력을 키워야 합니다. 이야기 상상하기에서 아직 창의적인 생각을 하는 것을 힘들어하였습니다. 과학적인 지식에 대해 이해하지 못하였으며, 사회 변화나 차별 등 사회 변화에 관한 내용에 대해 보충 학습이 필요합니다.

[그림 49] 구름이의 11월 역량 통지표

구름이는 경계성 지능 장애를 가진 다문화 가정의 아이였습니다. 언어 학습이 늦고 소극적인 성격, 그리고 회피적인 성향 때문에 학습과 교우 관계에서 많은 어려움을 겪었습니다. 자신을 잘 드러내지 않아서 문제 성향이 눈에 띄지 않았고, 이로 인해 적절한 시기에 도움을 받지 못했습니다.

저는 구름이를 제대로 이해하기 위해 각종 검사를 실시하고 전문가의 도움을 받았습니다. 수준에 맞는 보충 학습을 통해 학습 결손을 메우고 성취감을 느낄 수 있도록 도왔으며, 조금씩 용기를 낼 수 있도록 응원해주었습니다.

한 해를 마무리하며 가장 보람 있었던 순간을 떠올려보니, 구름이가 음악 시간에 용기를 내어 노래를 부르던 모습이 가장 먼저 떠올랐습니다. 교실에 울려 퍼졌던 구름이의 떨리는 목소리와 친구들의 응원, 그리고 구름이의 환한 미소는 잊을 수 없는 장면이었습니다. 비록 부족한 점도 많았지만, 그 시간 속에서 성장한 구름이를 떠올리며 스스로를 칭찬하고 싶었습니다.

며칠 전, 휴직 중이었지만 개인적인 용무로 오랜만에 학교를 방문했습니다. 교무실에서 동료 교사들과 이야기를 나누고 있는데, 문틈으로 구름이가 지나가는 모습이 보였습니다. 저와 눈이 마주친 구름이는 쭈뼛거리며 지나갔고, 저는 반가운 마음에 손을 흔들어 주었습니다. 용무를 마치고 현관으로 나가보니, 구름이가 현관 소파에 앉아 있었습니다.

"구름아, 잘 지내?"

"…"

"선생님 보고 싶었어?"

"…"

구름이는 입술을 달싹거리며 무언가 말하고 싶어 했지만, 끝내 말을 하지 못했습니다. 그 순간 저는 여러 가지 생각이 들었습니다. 구름이가 다시 예전처럼 소극적인 모습으로 돌아간 걸까? 아니면 반가움이 커서 어떻게 말해야 할지 몰랐던 걸까? 시간이 부족했던 저는 구름이에게 안부를 건네며 대화를 마무리하고 학교를 떠났습니다.

일 년이라는 시간은 사람에 따라 짧게 느껴질 수도, 길게 느껴질 수도 있습니다. 교사와 학생이 함께 보내는 일 년도 마찬가지입니다. 구름이에게 저와의 일 년이 단순히 스쳐 지나가는 시간이었을 수도 있지만, 저는 그 시간이 구름이의 삶에 작지만 의미 있는 변화를 가져다주었기를 바랍니다.

구름이가 자신감을 가지고 세상으로 당당히 나아가기를 언제나 기원하며, 응원하고 싶습니다.

교실 상담 이야기 :
뾰족한 말로 서로에게 상처를 준다면

여러 학급을 맡아보았지만, 학급의 분위기는 매년 다릅니다. 어떤 해에는 외향적인 학생들이 주를 이루고, 다른 해에는 내향적인 학생들이 많기도 합니다. 또한, 남학생이 많은 학급과 여학생이 많은 학급은 분위기가 크게 달라서 수업 방법이나 지도 방식도 달라야 했습니다.

고정관념일 수도 있지만, 개인이 아닌 그룹으로 바라보면 남학생과 여학생의 성향이 다르다는 점을 경험을 통해 깨닫게 되었습니다. 남자 교사라서 그런지, 남학생이 많은 학급이 여학생이 많은 학급보다 상대적으로 다루기가 더 수월했습니다. 남학생들은 여학생들에 비해 산만하고 문제 행동을 더 자주 보이지만, 문제의 원인이 비교적 명확하게 드러나는 경우가 많아 적합한 지도 방법을 선택하기 쉬웠습니다. 또한, 이러한 문제 행동은 교사의 카리스마로 통제하기 수월한 경우가 많았습니다.

반면, 여학생이 많은 학급에서는 더욱 신중하고 세심하게 접근해야 했습니다. 여학생들은 사소한 일로도 쉽게 토라지고 감정의 변화가 빠르게 일어나기 때문에 이를 놓치면 그들의 마음을 이해하기 어려웠습니다. 다툼이 생기면 서로 따지다가도 금세 눈물을 흘리기도 하고, 피해자와 가해

자가 명확하지 않아 문제 상황을 해결하는 것이 까다로울 때가 많았습니다. 이런 상황에서 남학생들을 다루듯 힘으로 통제하려고 하면 오히려 제게 마음을 닫아버려 상황이 더욱 악화될 위험이 있었습니다.

그동안 여학생 비율이 높았던 학급을 세 번 정도 맡아보았습니다. 처음에는 어찌할 바를 몰라서 당혹스러웠지만, 여러 해 동안 경험을 쌓으면서 조금씩 노하우가 생겼습니다. 특히, 가장 최근에 맡았던 학급에서는 그 노하우 덕분에 안정적으로 한 해를 꾸려갈 수 있었습니다. 오늘은 그 학급의 중심이었던 장미와 송이에 대해 이야기해 보려고 합니다.

[여학생들의 무리 짓기]

제가 맡은 4학년 학급은 여학생 10명, 남학생 4명으로 여학생의 비율이 더 높은 학급이었습니다. 첫날 교실에 들어가 보니, 여학생들이 남자 선생님이라며 열렬히 환호해 주었습니다. 끊임없이 제 옆에서 재잘대는 여학생들 덕분에 정신이 없을 지경이었습니다. 반면, 남학생들은 반응이 시큰둥하며 주로 자기들끼리 모여 놀기만 했습니다. 여학생들과의 온도 차이가 크게 느껴졌습니다.

학생들에게 저를 소개하고 학급 규칙을 정하며 첫날을 보냈습니다. 옆 반 선생님들로부터 작년에 여학생들 간의 다툼이 많았다는 이야기를 들었기에 걱정이 되었지만, 첫날에는 그런 기분이 들지 않았습니다. 그러나 바로 다음 날 아침부터 전화가 울렸습니다.

"네, 누구십니까?"

"선생님, 저 송이 엄마예요."

"네, 어머니. 무슨 일이신가요?"

"친구들이 자기만 따돌리고 괴롭힌다면서 송이가 속상해하길래 선생님께 연락했어요."

"그랬나요? 개학한 지 하루밖에 안 되어서 제가 아이들을 잘 알지 못합니다. 어떤 일이 있었을까요?"

"작년부터 장미가 친구들을 선동해서 송이를 따돌리는 것 같아요. 참다 참다 안 돼서 제가 장미한테 한 번만 더 그러면 혼낼 거라고 카톡을 보낸 적도 있었어요. 그런데 4학년이 되어서도 또 그러네요."

"장미하고 송이 사이에 무슨 일이 있었나 보네요. 제가 아이들하고 상담하며 상황을 파악한 후에 다시 연락드리겠습니다."

저는 송이(가명)를 불러 자초지종을 물어보았습니다. 송이는 어머니의 말씀처럼 장미(가명)가 주도적으로 자신을 따돌리고 있다고 말했습니다. 친구들과 어울리고 싶지만, 장미 때문에 너무 힘들다고 울먹였습니다.

이번에는 장미를 불러서 물어보았습니다.

"장미야. 아침에 송이가 그러는데 너랑 친구들이 송이를 따돌려서 힘들어한대. 송이 말이 맞니?"

"따돌린 건 아니고요. 사실 저희 반에 '뉴진스(가명)'라고 친한 친구들끼리 모여서 어울리는 모임이 있거든요. 거기에 저랑 송이랑 다른 친구들까지 해서 5명이 속해있어요. 그런데 송이가 자꾸 저희에게 집착하고, 자주 삐쳐서 친구들이 힘들어했어요. 그래서 저희끼리 '삐치면 탈퇴하기'라는 약속을 정했는데, 송이가 또 그러기에 카톡 방에서 탈퇴시키고 멀어지려고 한 거예요."

"아, 너희끼리 어울리는 무리가 있었구나."

학생들 사이에서는 무리를 지어 행동하는 경우가 흔히 있었습니다. 학생들은 자기들끼리 무리를 만들어 단합력을 다지지만, 이 과정에서 무리에 속하지 않은 친구들을 소외시키는 경우도 발생하기도 했습니다. 그러나 더 큰 갈등은 주로 무리 내부에서 발생하는 경우가 많았습니다.

학생들의 이야기를 들어보니 송이가 속상해하는 것도, 장미가 송이를 멀리하려는 것도 저마다 이유가 있었습니다. 다른 친구들을 불러 상황을 더 자세히 파악해 보니, 무리의 리더를 두고 장미와 송이 사이에 많은 충돌이 있었습니다.

쉬는 시간에 무엇을 하고 놀지, 화장실에 누구와 함께 갈지, 과학실에서 어떻게 짝을 지어 앉을지 등 사소한 결정도 무리에서 의논하여 정했습니다. 송이는 의견을 돌려서 말하는 편이었고, 장미는 명확하고 직설적으로 의견을 표현하는 성격이었습니다. 자연스럽게 목소리가 큰 장미의 의견이 더 자주 받아들여졌고, 송이는 이러한 상황에 서운함을 느껴 자주 삐치고 토라졌던 것입니다.

[본격적인 상담 – 장미를 더 부드럽게]

여학생들 간의 무리 짓기에서 발생하는 갈등을 해결하기 위한 가장 효과적인 방법은 상담이었습니다. 저는 문제를 단번에 해결하기보다는 꾸준한 상담을 통해 학생들이 점진적으로 변화할 수 있도록 돕고자 했습니다.

우선 여학생들을 제 편으로 만들어야 했습니다. 그래야 상담의 효과가 커질 수 있습니다. 학생들의 신뢰를 얻지 못하면 제가 아무리 좋은 말을 해도 소용이 없기 때문입니다. 그래서 작전을 세웠습니다. 여학생들을 끌어들이는 저만의 무기는 바로 '노래'였습니다.

쉬는 시간이 되자, 저는 슬며시 교탁 뒤에 숨겨두었던 가방에서 기타를 꺼냈습니다. 조율기를 꽂고 둥당둥 기타를 연주하기 시작하자, 여학생들이 하나둘씩 관심을 보이기 시작했습니다.

"선생님, 기타 칠 줄 아세요?"

"어. 나 기타 치면서 노래 부르는 걸 좋아해."

"우와~. 여기 아이유의 〈너의 의미〉 악보도 있네요. 이것도 연주할 줄 아세요?"

"불러줄까?"

저는 여학생들이 좋아할 만한 노래를 기타로 연주하며 불러주었습니다. 처음에는 저를 반신반의하던 학생들의 눈빛이 금세 변했습니다. 기타를 치며 노래하는 선생님이라니! '너희는 나에게 빠져들게 될 거다.'라는 제 주문은 통했고, 학생들은 이후에도 저에게 노래를 불러 달라고 요청하곤 했습니다. 저에 대한 호감을 듬뿍 담은 채로 말이죠.

라포가 형성되었으니 이제 본격적으로 상담할 차례였습니다. 어느 날, 송이가 울먹이며 찾아와 하소연을 했습니다. 친구들과 다시 친해지기로 했는데, 아침에 인사를 해도 받지 않았다고 합니다. 자기만 빼고 친구들이 귓속말을 하길래 속상해서 따졌더니, 장미가 짜증을 냈다고 했습니다.

이번 기회에 장미의 공격적인 말투와 태도에 변화를 주어야겠다고 생각하고 상담을 시작했습니다.

"장미야. 왜 그랬니?"

"아침에 송이가 인사하는 건 못 봤어요. 그리고 송이 뒷담화(험담)를 한 적이 없는데, 오해하고 따지길래 저도 화를 낸 거예요."

"그랬구나. 송이가 오해하고 너희에게 짜증을 냈었나 보네. 장미야, 송이가 제대로 상황을 파악하지 않고 너희에게 짜증을 낸 것은 물론 잘못된 행동이지만, 장미가 송이에게 상처가 될 만큼 심하게 말한 것 또한 문제가 있어."

"송이가 매번 그러니까 저도 화가 나서 그랬어요. 이렇게 말 안 하면 못 알아듣잖아요."

"선생님은 송이에게만이 아니라 평소에도 너의 말투가 너무 거칠다고 생각해. 그렇게 비꼬거나 거친 표현은 문제를 해결하기보다는 더 큰 문제를 일으킬 뿐이야."

장미는 강한 리더십과 자신감을 지니고 있었습니다. 키가 크고 운동 능력이 뛰어나 친구들 사이에서 인정받았으며, 학업 성취도 또한 우수했습니다. 그러나 장미는 자신의 능력을 지나치게 잘 알고 있었기에 다른 사람을 무시하는 경향이 있었습니다. 주변 친구들을 존중하지 않는 장미의 말투와 행동은 종종 문제를 일으켰습니다.

장미는 주변을 장악하고 통제할 수 있어야 안정감을 느끼는 것 같았습니다. 게다가 목소리도 크고 말도 똑 부러지게 잘해서 어디서든 리더의 역할을 맡았습니다. '뉴진스'에서도 마찬가지였습니다. 장미의 의견은 언제나 받아들여졌고, 친구들은 장미가 원하는 대로 움직일 수밖에 없었습니다. 저는 장미에게 다른 사람을 존중해야 하는 이유, 주변 사람들의 소중함, 그리고 대화 예절의 중요성을 알려주고 싶었습니다.

그래서 행복성장 학급일지의 역량 그래프를 적극적으로 활용했습니다. 장미는 경쟁심이 강한 학생으로, 역량 그래프의 점수가 높게 나오는 것을 중요하게 여겼습니다. 역량 점수를 높이기 위해서는 친구들을 존중하고 대화 예절을 지켜야 했기 때문에, 이를 변화의 동기로 삼았습니다.

 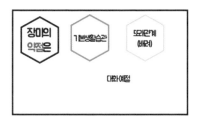

3~4월에 장미는 음악 교과에서 뛰어난 가창 실력과 악기 연주 실력을 뽐내며 음악적 역량을 발휘하였습니다. 일기를 통해 자신의 감정을 풍성하게 기록하였고, 국어 교과에서 이어질 내용 상상하기는 기발하고 재치있게 이야기를 꾸며 썼습니다. 수업 시간에 알아보기 쉽게 내용을 공책에 필기하여 지식을 정리할 줄 압니다. 동아리나 다모임 활동에서 리더의 역할을 맡아 열정적으로 모둠원들을 이끌고 있습니다. 디딤돌 수업 시간에 자신의 수학 실력을 향상시키기 위해 집중하여 공부하였습니다.

하지만 수업 시간에 쉽게 집중력을 잃고 주변 친구들에게 장난을 치다가 혼이 나는 경우가 많았으며, 정해진 규칙을 쉽게 어기고 있습니다. 발가락을 다쳐서 깁스를 했음에도 자신의 건강을 챙기지 않고 위험한 행동을 반복하였으며, 어른들의 지적을 가볍게 생각합니다. 지나치게 친구 관계에 집착하며 친한 친구가 다른 친구들과 어울리면 기분이 상하여 비꼬거나 거친 말을 하여 많은 갈등이 있었습니다. 친구의 지적하는 말에 발끈하여 더 심한 말을 하는 등의 모습을 보여, 대화 예절을 익히려는 노력이 필요합니다.

[그림 50] 장미의 3~4월 역량 통지표

"장미야, 너는 노래도 잘하고 악기 연주도 잘해서 음악적 감상 역량 점수가 높구나. 일기도 솔직하게 잘 쓰고, 상상력도 뛰어나네. 수업 시간에 학습에 참여하는 태도도 적극적이어서 역량 점수가 높게 나왔어. 그런데 친구들을 무시하거나 존중하지 않아서 또래 관계 역량 점수가 낮고, 비꼬거나 거친 말을 많이 해서 대화 예절 점수도 낮게 나왔어. 선생님은 네가 이 두 가지만 고치려고 노력하면 더 훌륭한 사람이 될 수 있을 거라고 생각해."

"네, 노력해 볼게요."

"그리고 선생님이 보기엔 너는 앞으로도 리더가 될 가능성이 높아. 그런데 나는 네가 친구들에게 존경받는 리더가 되었으면 좋겠어. 팀원을 무시하거나 상처 주는 리더가 아니라, 감싸고 이끌어줄 줄 아는 따뜻한 리더가 되길 바랄게."

"알겠어요."

욕심이 많은 장미에게 역량 그래프를 활용한 상담은 매우 효과적이었습니다. 장미의 일기에는 참지 못하고 친구들에게 했던 공격적인 행동을 반성하고 미안해하는 마음이 담기기 시작했습니다. 점차 장미는 자신의 행동을 고쳐나갔고, 주변 사람들의 소중함을 깨달아갔습니다.

[본격적인 상담 – 송이를 더 사랑스럽게]

송이는 마치 미어캣처럼 언제나 주변을 예의주시하며 친구들의 말과 행동에 민감하게 반응하는 아이였습니다. 수업 시간에도 학습에 온전히 집중하기보다는 친구들의 움직임에 신경을 쓰다가 종종 지적을 받곤 했습니다. 송이는 친구들을 마치 세상의 전부처럼 여기는 것 같았습니다.

행복성장 학급일지의 역량 그래프를 통해 살펴본 송이는 자존감이 낮은 학생이었습니다. 공부를 잘하지 못한다는 생각 때문에 스스로를 사랑하지 못했고, 이로 인해 친구들에게 인정받고자 하는 욕구가 강했습니다. 이러한 심리는 종종 집착적인 행동으로 이어졌습니다.

송이는 학기 내내 '뉴진스' 무리에 끼었다가 빠지기를 반복했습니다. 친구들이 자신을 받아줄 때는 행복해하다가, 자신의 의견이 받아들여지지 않으면 금세 토라졌습니다. 친구들은 송이를 달래는 데 지쳐버렸습니다.

저는 송이가 친구들과 솔직한 마음으로 대화해야 한다는 것을 알게 해야겠다고 마음을 먹고 상담을 하였습니다.

"송이야, 친구들하고 잘 지내는 것 같더니 또 문제가 생겼나 보구나. 어젯밤에 친구들한테 전화해서 '손절'하겠다고 했다면서?"

"네. 친구들이 계속 제 카톡에 대답도 안 하고 무시해서 손절한다고 했어요."

"송이는 혹시 손절이 무슨 뜻인지 알고 있니?"

"너랑 안 놀겠다는 말 아니에요?"

"사전에서는 손절이 사람 간의 인연을 끊는다는 뜻으로 나와 있어. 다시 말해 손절한다는 건 다시는 얼굴도 안 보고 친구로 지내지 않겠다는 의미야. 송이는 앞으로 졸업할 때까지 그 친구들과 같은 학급에서 지내야 하는데, 계속 얼굴도 안 보고 말도 안 할 거니?"

"아뇨, 그건 아니고요. 애들이 반성하고 돌아오면 다시 친구로 지내야죠."

"그럼 손절이라고 표현해서는 안 돼. 그럴 때는 '너희들 때문에 속상해. 당분간 너희랑 좀 떨어지고 싶어.' 이렇게 말해야지. 지금 네가 친구들한테 손절하겠다고 말해서 다들 충격을 받았어."

"정말요? 저는 그런 뜻으로 말한 게 아니었어요."

"송이는 친구들에게 손절하겠다고 하면 친구들이 미안해하고 돌아올 줄 알았지만, 사실은 더 멀어져 버렸어. 송이는 친구들과 대화하는 방법을 더 배워야 할 것 같아. 그래야 친구들에게 더 사랑받을 수 있어."

"노력해 볼게요."

송이는 친구들과의 관계에서 어려움을 겪고 있었고, 친구들은 송이와 어울리는 데 부담을 느끼고 있었습니다. 송이의 문제는 낮은 자존감과 서

툰 표현 방식에서 비롯되었습니다. 이러한 이유로, 상담을 통해 송이가 자신의 감정을 더 잘 조절하고 적절하게 표현할 수 있도록 대화 기법을 알려주며 변화를 시도하기로 하였습니다.

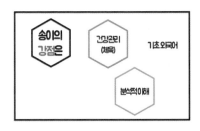

5~7월에 송이는 풍부한 어휘력을 가지고 있으며, 알맞은 문장으로 영어를 듣고 말하였습니다. 사회 교과에서 지역 문제에 대해 관심을 가지고 자신의 아이디어를 낼 수 있으며, 체육 교과에서 적극적으로 참여하여 뛰어난 운동 역량을 발휘하였습니다. 적극적으로 수업에 참여하며 자신의 생각을 발표할 수 있었습니다.

하지만 집중이 낮아 다른 친구의 행동마다 반응하며 수업 시간에 딴 짓을 하여 지적을 받았습니다. 자신의 물건을 잘 정리하지 않으며 특히 우유를 챙기지 않고, 반복적인 지적에도 반성하는 태도가 부족하여 크게 혼이 난 적이 있습니다. 친구들과의 갈등이 많이 해소되었으며 또래 관계가 좋아져서 학교 생활이 전보다 즐거워보입니다. 하지만 여전히 친구들의 말과 행동에 예민하게 반응하고 자주 삐지며, 그럴때마다 친구들의 위로를 받고 싶어하였습니다.

[그림 51] 송이의 5~7월 역량 통지표

는 송이에게 구체적인 대화 방법을 연습하도록 했습니다. 친구들에게 기분이 상했을 때 삐치는 대신, 차분하게 자신의 마음을 설명하는 방법을 알려주었습니다.

"너희가 내 말을 무시하는 것 같아서 속상했어. 다음엔 내 이야기도 들어줬으면 좋겠어."

이런 표현을 통해 감정을 전달하면, 상대방이 송이의 마음을 더욱 잘 이해할 수 있다는 점을 강조했습니다.

하지만 송이의 변화는 기대만큼 이루어지지 않았습니다. 송이는 감정을 조절하는 데 어려움을 겪으며 친구들에게 집착하는 행동을 반복했습니다. 친구들이 자신을 멀리할까 봐 불안해하며 손톱이나 입술을 물어뜯는 등 불안한 행동을 자주 보였습니다.

지속적인 상담을 통해 송이의 변화를 유도했지만, 한계가 있었습니다. 그래서 친구들에게 도움을 요청하기로 했습니다.

[친구들에게 도움 요청하기]

'뉴진스' 무리에는 장미와 송이 외에도 여러 친구들이 있었습니다. 표면적으로는 장미와 송이의 갈등이 드러나 있었기에 주로 이 두 학생과 상담을 진행했지만, 나머지 친구들 또한 그동안 쌓인 감정을 해소할 필요가 있었습니다. 더불어 친구들의 적극적인 참여 없이는 근본적인 변화를 이루기 어렵다고 판단하여, 저는 집단 상담을 통해 이 문제를 함께 해결해 나가고자 했습니다.

"애들아, 너희는 장미랑 송이가 서로 다투는 것에 대해 어떻게 생각해?"

"송이는 너무 잘 삐치고, 장미는 좀 무서울 때가 있어요."

"그렇구나. 사실 선생님은 장미와 송이가 너무 비슷해서 갈등이 생긴다고 생각해. 둘 다 너희의 관심과 사랑을 독차지하고 싶어 하기 때문에 그런 것 같아. 그래서 너희에게 부탁이 있어."

"뭔데요?"

"너희가 둘 사이에서 현명하게 대처해 주면 좋겠어. 먼저 송이가 삐치고 속상해하면 달래주되, 무조건 받아주기보다는 솔직한 마음을 표현해 줘. 너희가 솔직하게 말하지 않으면 장미가 너희를 대신해서 말할 거야. 아주 거칠게 말이지. 너희도 잘 알잖아."

"네, 맞아요. 저희가 하고 싶은 말을 장미가 대신 말해주기는 하지만, 너무 강할 때가 있어요."

"그래서 너희가 하고 싶은 말은 직접 하는 것이 좋아. 장미가 대신해서 말하게 두면 안 돼. 나중에 너희들도 송이처럼 장미에게 그런 말을 듣게 될 수도 있어."

"네, 알겠어요."

"친구들끼리 어울리다 보면 갈등은 있을 수밖에 없어. 중요한 것은 그 갈등을 어떻게 해결하는지야. 갈등이 생기면 솔직하게 대화하고, 상대방의 입장을 이해하려고 노력하는 것이 중요해. 서로의 감정을 솔직하게 이야기하고 잘못한 점은 진심으로 사과하는 것부터 시작하면 좋겠어. 갈등이 생기면 너희가 장미와 송이를 불러서 대화해 보고, 그래도 해결되지 않으면 선생님에게 도움을 요청해. 선생님은 언제나 너희를 지켜보고 있을 테니까."

친구들은 저의 제안에 긍정적으로 반응했습니다. 이후 송이가 삐치거나 갈등이 발생했을 때, 친구들이 먼저 다가가 송이의 이야기를 들어주고 상황을 중재하려는 노력을 보이기 시작했습니다. 장미가 지나치게 강한 표현을 사용할 때도 친구들이 직접 송이에게 부드럽게 이야기를 전하는 모습을 보였습니다.

물론 모든 갈등이 친구들 사이에서 완벽하게 해결되지는 않았습니다. 때때로 해결되지 않은 문제가 장미와 송이의 상담으로 이어지기도 했지만, 친구들의 중재 덕분에 갈등의 강도는 눈에 띄게 줄어들었습니다.

여학생들의 무리 짓기는 어쩌면 소속감과 안정감을 얻기 위한 본능적인 행동일지도 모릅니다. 화장실에 갈 때조차 둘씩 짝을 지어 가는 걸 보면, 단순히 못 하게 한다고 해서 해결될 문제가 아닌 것 같다는 생각이 듭니다. 무리를 지어 사이좋게 지내면 좋겠지만, 그 과정에서 오해와 갈등이 반복되는 경우가 많았습니다.

특히, 쉽게 삐치는 송이와 표현이 거친 장미는 언제나 그 갈등의 중심에 있었습니다. 저는 상담을 통해 두 학생의 성향을 보완할 방법을 알려주고 함께 노력했습니다. 또한 친구들의 도움을 받아 솔직하게 마음을 표현하는 방법을 연습하도록 했습니다. 학기가 끝날 무렵에는 이 방법이 상당한 효과를 보였습니다.

"선생님, 아까 애들이 싸워서 같이 대화해 보았는데 서로 사과하고 금방 끝났어요. 저희 잘했죠?"

"너무 기특하구나. 그래도 혹시나 마음에 남아있는 말이 있으면 일기에 쓰던지 선생님한테 말해줘."

"네, 알겠어요."

최근 복직한 아내가 학생들 때문에 힘들다며 고충을 털어놓은 적이 있었습니다. 이야기를 들어보니, 딱 제가 겪었던 여학생들의 무리 짓기 문제와 매우 유사한 상황이었습니다. 저는 아내에게 제가 경험했던 사례와 상담 단계를 소개해 주었습니다. 아이들과의 갈등을 대화로 해결하고, 친구들의 도움을 받아 서로 존중하는 관계를 형성하도록 유도한 방법을 자세히 설명했습니다. 아내는 제 조언을 교실에서 적용해 보았고, 긍정적인 효과가 있었다고 말했습니다. 정말 다행입니다.

'말 한마디로 천 냥 빚을 갚는다.'

이 속담처럼 장미와 송이의 사례를 겪으면서 아이들에게 올바른 대화법과 친구 간의 갈등을 해결하는 능력을 가르치는 것이 얼마나 중요한지 다시 한번 깨닫게 되었습니다. 말의 힘은 크기에, 아이들이 서로를 존중하고 솔직하게 소통함으로써 행복한 학교생활을 누릴 수 있기를 바랍니다.

교실 상담 이야기 :
그래도 나는 너희 모두를 품어줄게

학생들을 지도하며 경험과 노하우가 쌓였다고 생각했지만, 학생 지도의 과정은 매번 새로운 어려움으로 다가옵니다. 학생들은 각기 다른 특성과 환경을 지니고 있기 때문에 이전에 효과적이었던 방법이 다른 학생에게는 통하지 않을 때가 많습니다. 그 과정에서 실패를 겪고 시행착오를 거치며 성장했지만, 여전히 한계를 느끼는 순간도 있었습니다.

이번 장에서는 제가 겪었던 몇 가지 사례를 통해 학생을 지도하면서 느꼈던 아쉬움과 교훈을 나누고자 합니다. 이 이야기가 선생님들이 학생들을 더 깊이 이해하는 데 조금이나마 도움이 되길 바랍니다.

[친구의 불행을 행복으로 여기는 바람이]

"(아주 신나는 표정으로 밝게) 선생님! 지금 교실에 난리 났어요. ○○가 화분을 깼어요! 빨리 가서 혼내주세요!"

"뭐라고? 바람아, 그런데 너는 왜 이렇게 신이 난 거야? 화분이 깨진 것이 즐겁니? 아니면 친구가 선생님한테 혼날 걸 생각하니 기뻐?"

"그건 아니고요…."

"화분이 깨진 것도, 친구가 선생님에게 혼나는 것도 즐거운 일이 아니야."

바람이(가명)는 2학년 남학생으로, 교실에서 가장 작았지만 행동이 민첩하고 에너지가 넘치는 아이였습니다. 바람이는 산만하고 공부에는 흥미가 없었지만, 운동을 잘하고 재치가 있어 학급 분위기를 주도하였습니다. 그러나 그의 행동은 종종 문제를 일으키곤 했습니다.

　바람이는 친구의 불행을 자신의 행복으로 여기는 듯한 태도를 자주 보였습니다. 복도에서 친구가 넘어지면 비웃고, 실수로 물건을 밟은 친구들 사이를 이간질하며 갈등을 키우기도 했습니다. 뿐만 아니라 충동적으로 위험한 행동을 하거나 잘못을 거짓말로 숨기려 했으며, 주목받기 위해 규칙을 어기는 일도 잦았습니다.

　"바람아! 친구를 발로 차면 어떡하니!"

　"달리기하는데 얘가 제 앞을 막았잖아요. 그래서 비키라고 그런 거예요."

　"너 때문에 친구가 다쳤잖아. 며칠 전에도 폭력을 쓰지 않기로 약속했었는데 이렇게 어기면 선생님이 널 어떻게 믿겠니?"

　"지난번에 ○○이가 절 쳤을 때는 뭐라고 안 하셨잖아요."

　"○○이는 넘어지면서 너랑 부딪힌 거고, 너는 친구에게 복수하려는 나쁜 마음으로 때린 거잖아."

　"(울먹이며) 선생님, 저는 글렀어요. 이제 어쩔 수 없나 봐요."

　"바람아, 너는 아직 9살이야. 지금의 너의 모습은 잠깐일 뿐이야. 네가 노력하면 얼마든지 변할 수 있어. 너도, 주변 사람들도 모두 행복하게 만드는 사람이 되려고 해야지."

　바람이와의 대화를 통해 그의 행동 이면에 숨겨진 불안감과 주목받고자 하는 마음을 살펴보려고 노력했습니다. 그러나 바람이와 충분한 신뢰를 쌓지 못했고, 그의 마음을 깊이 이해하지 못했습니다. 결국 바람이는 학년 말에 전학을 갔고, 그의 문제 행동을 충분히 극복하지 못한 것이 여전히 아쉬움으로 남아 있습니다.

[너무 영리해서 걱정인 그늘이]

그늘이(가명)는 6학년 남학생으로, 학업 능력이 매우 뛰어난 학생이었습니다. 그의 형들이 공부로 유명했듯, 그늘이 또한 형들 못지않은 재능과 영리함을 보였죠. 그러나 그의 뛰어난 두뇌는 때때로 문제 행동의 원인이 되기도 했습니다.

"○○아, 수업 시간에 왜 친구한테 지우개를 던졌니?"
"그냥요. 그늘이랑 얘기하다가 재미있을 것 같아서 해봤어요. 죄송해요."
"그늘이? 그늘이가 해보라고 했니?"
"네."
영리한 그늘이는 직접 나쁜 행동을 하지 않았습니다. 대신, 자신을 잘 따르는 친구들을 이용하며, 그 모습을 지켜보면서 즐거워했죠. 교실에서 일어나는 큰 사건의 배후에는 항상 그늘이가 있었습니다.

"너희들! 지금 얼마나 큰일이 일어날 뻔했는지 알아?"
"죄송합니다."
"어떻게 된 일인지 얘기해 봐."
"그늘이가 목을 조르면 얼마나 오래 참을 수 있는지 내기해 보자고 해서, 뒤에서 목을 조르는 시늉만 했는데 △△이가 갑자기 몸에 힘을 푸는 바람에 균형을 잃었어요. 그때 △△이가 넘어지면서 의자 모서리에 이마를 부딪친 것 같아요."

"△△이는 기절까지 했었어. 그늘아, 친구들한테 그런 건 왜 시킨 거야."

"…그냥 장난삼아서 얘기한 거예요. 애들이 진짜로 할 줄은 몰랐어요."

그늘이는 자신의 행동이 가져올 결과를 알면서도 책임을 회피하려는 태도를 보였습니다. 그는 다른 사람을 이용하는 데 능숙했으며, 일이 커지면 이해하는 척, 모른 척, 심지어 반성하는 척하며 자신의 책임을 교묘히 회피했습니다. 때문에 저는 항상 그의 행동에 주의를 기울이고 경계를 늦추지 않아야 했습니다.

"그늘아, 너는 아주 영리해. 하지만 그 재능이 다른 사람을 괴롭히는 데 쓰일까 봐 걱정이야. 너의 능력으로 주변에 긍정적인 영향을 주면 좋겠구나."

지금도 그늘이가 진정으로 반성했는지에 대한 확신은 없습니다. 그러나 그의 성향을 파악한 덕분에 그의 행동을 예측할 수 있었고, 다른 친구들이 그의 영향으로부터 피해를 입지 않도록 보호할 수 있었습니다.

그늘이는 저에게 큰 숙제를 남긴 학생이었습니다. 그의 영리함이 나쁜 방향으로 흐르지 않도록 지도하기 위해 어떤 노력이 필요했을까 고민하게 되었습니다. 다만, 그의 능력이 언젠가 다른 사람에게 선한 영향을 미칠 수 있기를 지금도 간절히 바랍니다.

바람이와 그늘이뿐만 아니라, 제 기억 속에 스쳐 지나가는 여러 아이들이 오릅니다. 나름대로 최선을 다했지만, 제가 바라던 만큼의 변화를 이끌어내지 못한 채 종업식을 맞이했던 순간들이 많았습니다.

그럴 때마다 "내가 조금만 더 노력했더라면 어땠을까?" 또는 "그때 이렇게 말해줬다면 상황이 달라졌을까?"라는 생각이 자꾸 머릿속을 맴돌았습니다. 시간이 지나도 그 아쉬움은 쉽게 사라지지 않았고, 후회로 남아 마음을 무겁게 했습니다.

하지만 매번 후회와 자책에 빠질 수는 없었습니다. 매일 새로운 학생들을 만나고 교육 현장에서 제 역할을 다해야 하는 교사로서, 저는 마음을 다잡고 앞으로 나아가야 했습니다. 그래서 매년 학기가 시작될 때마다 스스로에게 세 가지 믿음을 되새기며 교실에 들어섭니다.

"초등학생은 아직 어린아이일 뿐이다."

첫 번째 믿음은 초등학생이 아무리 덩치가 크고 어른스러워 보여도 결국에는 어린아이일 뿐이라는 사실입니다. 아이들은 힘든 일을 참는 데 익숙하지 않으며, 끊임없이 재미를 추구합니다. 때로는 결과를 예측하지 못한 채 장난을 치고, 사소한 이유로 쉽게 삐치기도 하죠. "다시는 그러지 않을게요."라고 약속하지만, 금세 잊어버리고 또 같은 행동을 반복하기도 합니다.

저는 학생들이 이런 행동을 보일 때마다 '아이들이라면 당연히 그럴 수도 있지.'라고 스스로를 설득합니다. 이렇게 마음을 다잡아야만 반복해서 실수를 저지르는 학생들을 이해하고 품어줄 수 있기 때문입니다.

"사람은 쉽게 변하지 않는다."

두 번째 믿음은 사람이 쉽게 변하지 않는다는 사실을 인정하는 것입니다. 학생들과 함께하는 일 년이라는 시간은 짧습니다. 그 짧은 시간 동안 아이들의 굳어진 마음가짐을 변화시키고 문제 행동을 고치는 것은 결코 쉬운 일이 아닙니다.

"지난번에도 그렇게 하지 않기로 했는데, 왜 또 그러니!"라고 실망하며 화를 낸다면, 아이들을 변화시키고자 했던 교사의 열정은 금세 지쳐버릴 수밖에 없습니다. 그래서 저는 학생을 완벽하게 변화시키겠다는 목표 대신, 그들과 함께하는 시간 동안 할 수 있는 만큼 최선을 다하겠다는 마음가짐을 유지하고 있습니다.

"그럼에도 불구하고 변화하는 아이가 있다."

마지막 믿음은 그럼에도 불구하고 교사의 진심 어린 노력에 반응하며 성장하는 아이가 반드시 있다는 확신입니다. 아이들은 쉽게 변하지 않지만, 시간이 부족하더라도 교사의 진심이 닿는 학생은 분명히 있습니다. 저와 함께하는 순간이 어떤 학생에게는 평생의 운명을 바꾸는 계기가 될 수 있습니다. 한 명의 아이라도 성장하고 변화를 경험할 수 있다면, 저는 제 열정이 충분히 가치 있다고 믿습니다.

한 번은 스포츠 방과 후 선생님께서 저를 찾아오신 적이 있습니다. 선생님은 한 학생에 대한 어려움을 토로하셨습니다.

"선생님, 장○○ 학생 때문에 너무 힘들어요. 교실에서는 어때요?"

"장○○은 불만이 가득한 눈빛에, 조금만 마음에 안 들어도 말보다 주먹이 먼저 나가서 문제이기는 해요. 그래도 책임감이 강하고, 아주 성실해요. 문장력도 뛰어나서 글도 잘 쓰고, 드럼 연주 실력도 수준급이더라고요."

"네? 제가 본 모습과는 너무 다르네요. 방과 후 수업 시간에만 보고 나쁘게만 생각했는데, 선생님은 좋은 점도 보시네요."

"나쁜 점만 보면 그 학생에게 편견이 생기고, 좋은 점을 놓치기 쉽잖아요. 저는 가능한 객관적으로 보려고 노력해요. 칭찬을 함께해야 훈육도 더 효과가 있거든요."

학생의 나쁜 면이 두드러질수록, 저는 그 아이의 좋은 면을 찾아보려고 노력합니다. 그래야만 제가 하는 훈육이 아이에게 진정으로 다가갈 수 있다고 믿기 때문입니다.

물론 현실적으로 문제 행동을 보이는 학생들을 지도하는 데에는 여러 가지 한계가 있습니다. 전문 상담 교사가 부족하고, 아동학대법으로 인해 정당한 훈육조차 오해

받는 경우가 많습니다. 학부모의 비협조와 교권 침해 또한 교사가 학생들을 지도하는 데 큰 걸림돌이 됩니다. 게다가 특수한 문제 행동을 보이며 전문적인 치료가 필요한 학생을 교실에서 지도하는 것은 현실적으로 매우 어렵습니다.

그렇다고 해서 교사가 아이들을 포기할 수는 없습니다. 모든 학생을 온전히 품을 수는 없겠지만, 그중 단 한 명이라도 변화하고 성장할 가능성이 있다면 교사의 노력은 충분히 가치가 있습니다.

학생들이 어릴 때 충분한 관심과 지도를 받지 못하면, 성인이 되었을 때 더 큰 문제를 일으킬 수 있습니다. 이러한 가능성을 줄이기 위해 학교와 사회가 협력해야 합니다. 선생님들이 학생들을 품을 수 있는 환경이 만들어지고, 모든 아이가 건강하고 행복하게 성장할 수 있도록 지원하는 시스템이 구축되기를 바랍니다.

이것이 교사의 열정이 진정으로 빛날 수 있는 방법이라고 믿습니다.

5장

선생님도 참교사가
되고 싶어요?

[생각을 여는 질문]

만약 교사의 여정을 마무리하는 마지막 날이 온다면,

남아 있을 후배 교사들에게 어떤 말을 남기고 싶나요?

첫날, 선생님은 아무것도 모른단다

[5장]에서는 선생님들의 대화를 통해 참교사가 되고자 하는 선생님들에게 도움이 될 만한 생각을 전달해 보려고 합니다.

* 등장인물 소개 *

주훈민 선생님(훈민샘)
경력 15년 차의 선생님. 글쓴이의 교육관을 반영한 가상의 인물.

정모음 선생님(모음샘), 김자음 선생님(자음샘)
경력 2년 차의 신규 선생님. 배우고 싶은 열정이 가득한 가상의 인물.

모음샘: 내일이 개학 날이라니! 어떻게 한 해를 시작해야 할지 고민이 많아요.

자음샘: 맞아요. 제가 맡은 3학년의 작년 담임 선생님께서 말씀하시길, 저희 반에는 ADHD[14]를 가진 학생도 있고, 전체적으로 분위기가 산만해서 수업 진행이 힘들었다고 하셨어요.

모음샘: 저희 5학년은 상황이 더 심각해요. 아이들 간 사이가 나쁘고, 학교 폭력이 일어날 뻔한 적도 있었대요.

훈민샘: 새로 맡게 될 학급의 학생들 때문에 걱정이 많으시군요. 그런데 시작하기도 전에 너무 겁먹는 것은 아닐까요?

자음샘: 문제 행동을 보이는 학생들에 대해 미리 알아두면, 어떻게 지도할지 구체적인 계획을 세우고 대비할 수 있잖아요.

훈민샘: 정보를 가지고 있는 건 좋지만, 그 정보 때문에 선입견이 생길 위험도 있어요. 학생들은 매년 성장하고 있고, 새로운 학년이 되면 달라져야겠다고 마음먹기도 하거든요. 또, 어떤 선생님을 만나느냐에 따라 행동이 달라질 수도 있죠. 그런데 선입견을 가지고 학생을 대하면 학생의 변화를 막을 수 있어요.

예를 들어, 지나치게 소극적이었던 학생이 새 학년이 되면서 적극적으로 변해야겠다고 마음을 먹었어요. 그런데 선생님이 이 학생이 부끄러워할까 봐 배려해 발표 기회를 적게 준다면, 이 학생의 다짐은 의미를 잃을 수 있겠죠.

게다가 '저 학생은 문제야.'라고 생각하고 처음 만나게 되면, 나도 모르게 그게 티가 날 수 있어요. 눈치가 빠른 애들은 선생님의 눈빛만 보고도 '선생님이 나에 대해 나쁘게 생각하고 계시구나.'라고 느낄 거예요.

모음샘: 그럼 어떻게 해야 하나요?

훈민샘: 학생에 대한 정보는 최대한 많이 알아두는 것이 좋아요. 하지만 저는 직접 경험하기 전에는 그 정보를 전적으로 믿지 않으려 해요. '선

---

14) ADHD(주의력결핍 과다행동장애)는 부주의, 과잉 행동, 충동성을 주요 특징으로 하며, 일상생활과 학습에 어려움을 초래하는 신경발달장애입니다.

생님은 너희에 대해 이미 다 알고 있어.'라는 인상을 주지 않기 위해 말과 행동에 신경을 써요.

자음샘: 그렇게 한다고 해서 작년까지 문제 행동을 보였던 학생이 달라질까요?

훈민샘: 물론 대부분의 학생은 학기 초에만 조심하다가 금세 본모습이 드러나겠죠. 하지만 지켜보면 작년과 다른 모습을 보이는 학생들이 한두 명은 있어요.

예전에 맡았던 한 학생은 작년 담임 선생님으로부터 수업 태도가 매우 나쁘다는 이야기를 들었지만, 실제로는 그렇지 않았어요. 아마도 그 학생이 스스로 변하려고 노력한 것도 있고, 저와의 궁합이 잘 맞았기 때문일 수 있을 거예요.

모음샘: 그런 경우는 많지 않잖아요. 대부분의 학생은 작년 선생님께서 알려주신 것처럼 문제 행동을 계속 보이던 걸요?

훈민샘: 맞아요. 사람은 쉽게 변하지 않으니까요. 하지만 한 명이라도 성장할 수 있다면 그 자체로 큰 가치는 있지 않을까요? '우리 선생님은 편견이 없는 사람이야.'라는 믿음을 주는 것만으로도 저는 의미가 있다고 생각해요.

자음샘: 연기력이 중요하겠네요. 그런데 이런 경우에는 어떻게 해야 할까요? 첫날에 제비뽑기로 자리를 정했는데, 작년에 갈등이 많았던 두 학생이 짝이 되었어요. 두 학생이 사이가 나쁘다는 사실을 알고 있는데, 공평하게 뽑은 대로 앉혀야 할지, 아니면 미리 들은 정보를 고려해 자리를 바꿔야 할지 결정을 내리지 못하겠더라고요.

훈민샘: 선생님은 어떻게 하셨나요?

자음쌤: 둘이 싸우면 안 되니까 자리를 바꿔줬죠. '너희가 작년에 사이가 안 좋았다며? 같이 앉으면 또 싸울 수 있으니까 자리를 바꾸자.' 이렇게요.

훈민쌤: 저라면 자리를 바꾸지 않았을 거예요. 우선 저는 작년에 두 학생 간에 있었던 일에 대해 모르는 척할 거예요. 대신 실제로 일이 발생하면 그때 적절한 방법으로 훈육할 준비를 해둘 거예요. 학급의 규칙을 정하고 선생님의 교육관을 보여주는 학기 초부터 예외를 두면, 학생들이 저에 대한 신뢰를 잃을 수 있기 때문이에요.

물론 정답은 없다고 생각해요. 학생들의 성향이나 선생님의 교육관과 얼마나 잘 맞는지에 따라 결과가 달라질 수 있으니까요. 선택은 선생님들께서 하시는 것이고, 결과에 대한 책임도 전적으로 선생님들의 몫이죠. 제 의견은 참고만 하세요. (웃음)

모음쌤: 무책임한 거 아니세요? (웃음) 어쨌든 어떤 일이 벌어질지 예상하면서도 모르는 척해야 한다니, 참 어렵네요. 애초에 문제가 생기지 않도록 하는 게 더 낫지 않나요?

훈민쌤: 친구들 간의 갈등과 학생들의 문제 행동은 피할 수 없는 일이에요. 중요한 것은 갈등이 생겼을 때 어떻게 해결하느냐, 문제가 발생했을 때 어떻게 대처하느냐죠. 문제를 회피하기만 해서는 선생님도, 학생들도 문제를 해결하는 역량을 기르기 힘들 거예요.

자음쌤: 좋아요. 올해는 선생님 말씀처럼 한번 해볼게요. 알지만 모르는 척, 내가 지켜볼 테니 너희의 새로운 모습을 나에게 보여다오!

모음쌤: 저는 그래도 마음의 준비를 단단히 해야겠어요. 작년처럼 당황하지 않고, 준비된 선생님이 되고 싶거든요. 내일 다들 파이팅!

새 학년을 맞이하는 마음이 어떠신가요? 많이 떨리시나요? 저도 교직 경험이 쌓였지만, 새로운 시작을 맞이할 때마다 설레고 떨리는 마음은 변함이 없답니다. 우리 반에는 어떤 아이들이 있을까? 아이들을 어떤 표정으로 맞이해야 할까? 첫날에는 어떤 활동을 하면 좋을까? 아마 선생님들께서도 비슷한 생각을 하고 계실 거예요.

하지만 걱정하지 마세요. 설레는 마음과 떨리는 마음을 가득 안고 아이들을 반갑게 맞이하는 것만으로도 충분히 멋진 선생님이세요. 따뜻한 미소와 진심 어린 환영만으로도 이미 훌륭한 시작이 될 거예요. 아이들에게는 그 무엇보다 진심으로 환영해 주는 선생님의 태도가 큰 힘이 될 거예요.

새로운 학년을 앞두고, 학교의 유명한 '금쪽이'들에 대한 이야기를 미리 들으셨을 겁니다.

"이 아이는 산만하다더라."

"저 아이는 친구들을 때린 적이 있다더라."

"그 아이는 소심하다더라."

이런 이야기를 들으면 걱정이 앞설 수도 있지만, 이렇게 생각해 보는 것은 어떨까요? 선생님들께서도 학교를 옮기실 때, 이전 학교에서의 실수나 좋지 않았던 이미지가 새로운 학교에 전해지는 걸 원하지 않으시죠? 새로운 마음가짐으로 학교에 갔는데, 이미 누군가가 선생님에 대한 판단을 내리고 있다면, 애써 가졌던 의지가 꺾일 수도 있을 거예요.

학생들도 마찬가지랍니다. 작년에 실수했던 아이들도 새로운 선생님과 잘 지내고 싶어 하는 마음이 있을 거예요. 작년의 모습을 미리 단정 짓기보다는, 아이들이 새 학년에서 새롭게 변화하려는 의지를 믿어 주세요. 그런 아이들은 기회를 얻는 것만으로도 큰 변화를 보여주기도 한답니다.

속 편한 이야기일 수도 있지만, 저는 학생에 대해 직접 경험하기 전에는 판단하지 않으려고 해요. 말은 전해지는 과정에서 왜곡되기 쉽고, 우리는 흔히 누군가의 단편적인 모습만 보고 판단하는 실수를 범하곤 하잖아요. 돌아보면, 저는 실제로 그런 경험을 여러 번 했었어요.

"선생님, ○○이는 요즘 어때요? 작년에는 친구들이 발표할 때마다 자꾸 끼어들어서 힘들었거든요."

"여전히 그런 모습이 있긴 하지만, 그래도 많이 좋아졌어요. 말하다가도 '아차' 하며 멈추기도 하고요."

"한 살 더 먹었다고 철이 들었나 보네요."

이처럼 학생들에게 새로운 시작을 위한 기회를 주세요. 두려움과 걱정 대신 설렘과 기대를 안고 새 학년을 시작해 보세요.

편견 없이 아이들을 바라보려는 노력만으로도 작년과는 다른 새로운 관계와 경험을 만들어 갈 수 있을 거예요.

선생님들의 따뜻한 마음과 열린 태도가 아이들에게 가장 큰 선물이 될 거예요. 이번 학년도 멋진 출발이 되기를 진심으로 응원합니다!

공개수업,
선생님에게 주어진 선물 같은 기회

자음샘: 아, 공개수업 왜 하는지 모르겠어요.

모음샘: 맞아요. 특히 동료장학 공개수업은 정말 의미가 없는 것 같아요. 작년에도 열심히 준비했는데, 교감 선생님만 5분 정도 보시고 가신게 전부였어요.

훈민샘: 많이 서운하셨겠어요.

모음샘: 서운하기보다는 열심히 준비한 게 아까웠어요. 그럴 줄 알았더라면 그렇게까지 열심히 하지 않았을 텐데요.

자음샘: 그래도 선생님은 운이 좋으셨네요. 저는 작년에 학부모 공개수업을 했는데, 학부모님들이 열다섯 분이나 오셨고, 교장 선생님도 끝까지 지켜보셨어요. 얼마나 떨리던지.

훈민샘: 정말 긴장되셨겠어요. 학부모 공개수업 때 어떤 수업을 하셨나요?

자음샘: 사회 발표 수업을 했어요. 어차피 학부모들은 자기 자녀의 발표만 본다고 하잖아요. 그래서 경상남도의 문화유산에 대한 발표 자료를 미리 준비해 두고, 학생들이 한 명씩 나와서 발표하도록 했죠.

모음샘: 학부모님들의 반응은 어땠나요?

자음샘: 자기 자녀가 발표할 때는 좋아하셨지만, 한 시간 내내 발표만 하니

나중에는 지루해하시더라고요.

훈민샘: 그렇군요. 두 분은 작년에 수업을 공개해 보신 소감이 어떠셨나요?

자음샘: 두려웠어요. 학생들이 돌발 행동을 하거나 준비한 대로 수업이 진행되지 않으면 어쩌나 걱정이 많았죠. 선생님들이나 학부모님께서 지적하실까 봐도 겁났고요.

모음샘: 맞아요. 칠판에 글씨를 삐뚤게 쓰면 어쩌나, 수업 자료가 부족해 보이면 어쩌나 걱정이 되더라고요.

훈민샘: 실제로 그런 지적을 받은 적이 있으신가요?

자음샘: 아니요, 그렇지는 않았어요. 참관록에는 다들 좋은 말만 적어주던데요?

모음샘: 대부분 '수업 잘 봤습니다. 수고하셨습니다.' 같은 내용을 적어주셨어요.

훈민샘: 이런 말을 하기는 좀 그렇지만, '라때는' 참관록 양식이 지금과는 많이 달랐어요. '교사의 손짓은 적절한가? 말의 빠르기는 적당한가? 궤간 순시는 골고루 이루어졌는가?'와 같이 참관 기준이 교사의 수업 기술에 초점을 맞춰 설정되어 있었죠.

하지만 요즘은 달라졌어요. 교사의 수업 기술보다는 수업의 흐름이나 학생들의 학습 태도에 집중하는 추세예요. 그러니 수업을 잘 못할까 봐 두려워하지 않으셔도 돼요.

자음샘: 선생님은 수업을 공개하는 게 두렵지 않으신가요?

훈민샘: 저도 두렵죠. 하지만 저는 공개수업이 저를 성장시킬 좋은 기회라고 생각해요. 예전에 제가 연구부장을 맡았을 때 공개수업을 추진했던 사례를 말씀드릴게요.

저는 의미 있는 공개수업을 위해 선생님들과 많은 협의를 거쳤어요. 우선, 동료장학 공개수업과 학부모 공개수업의 방향을 명확히 정했어요. 동료장학 공개수업은 '동료장학 수업나눔'으로 이름을 바꾸고, '우리의 부족한 점을 채우자.'라는 목표를 세웠어요. 수업 주제는 수업자가 가장 자신 없는 교과나 차시로 정하기로 했어요. 그래야 공개수업을 성장의 기회로 삼을 수 있으니까요.

자음샘: 제일 자신 있는 교과를 공개했었는데, 생각해 보니 반대로 해야 더 의미 있는 공개수업이 되겠군요. 그다음에는 어떻게 하셨나요?

훈민샘: 본수업도 물론 중요하지만, 사전 협의와 사후 협의가 더 의미 있다고 생각했어요. 그래서 사전 협의 때 수업자가 간단한 약안을 구성해 오면, 이를 바탕으로 여러 선생님들이 아이디어를 모아 구체적인 수업 계획을 짰어요. 수업자는 있지만, 여러 선생님이 함께 계획을 수립하면서 집단 지성의 힘을 발휘한 것입니다.

이렇게 공동으로 수업을 계획한 후, 사후 협의에서 각자가 참관하면서 느낀 점을 나누었어요. 예를 들어, "3학년 선생님이 조언한 발문이 효과적이었어요.", "5학년 선생님이 제안한 자료는 학생들에게 어려웠어요."와 같은 이야기가 오갔죠. 함께 수업을 구성했기 때문에 수업에 대한 책임도 나눌 수 있었어요.

모음샘: 우와, 그렇게 하면 수업을 진행하는 선생님의 부담이 조금 줄어들겠네요. 그런데 그런 방식으로 동료장학 수업나눔을 하려면 많은 선생님들이 참관해야 하는데, 그럴 시간이 있을까요?

훈민샘: 당시 수요일은 전 학년이 5교시까지 정규 수업이었고, 6교시부터는 방과 후 수업 시간이었어요. 그래서 수업나눔을 하는 학년만 학부모에게 양해를 구하고 방과 후 수업 대신 공개수업에 참여했어요.

이렇게 하니 많은 선생님들이 수업을 참관하고 곧바로 사후 협의까지 참여할 수 있었어요.

자음샘: 학부모 공개수업은 어떻게 진행하셨어요?

훈민샘: 학부모 공개수업의 목표도 명확히 설정했어요. '학부모를 수업에 참여시키자!'가 바로 학부모 공개수업의 핵심 목표였어요. 학부모가 학생 옆에 앉아 함께 수업에 참여하니, 수업에 몰입할 수 있었고, 학생의 학습 태도를 온전히 관찰할 수 있었어요.

모음샘: 학부모가 참여하는 공개수업이라니, 어떤 방식으로 진행되는지 감이 잘 안 와요.

훈민샘: 음, 예전에 3학년 담임을 맡았을 때 했던 음악 교과 학부모 공개수업 사례를 알려드릴게요. 수업 주제는 '노래를 부르며 가족에 대한 사랑을 표현해 봅시다.'였어요. 학부모들을 최대한 초대하였고, 학부모가 참석하지 못한 학생들은 선생님들이 자리를 대신해 주셨어요. 사랑에 관한 노래를 부르며 가족에 대한 사랑을 함께 표현한 이 수업은 저에게도 오래도록 기억에 남을 특별한 추억이었어요.

모음샘: 우와, 정말 재미있었겠어요! 학생들과 학부모들의 반응은 어땠나요?

훈민샘: 다들 너무 행복해했고, 학부모님들은 자녀들이 수업에 참여하는 모습을 직접 볼 수 있어 좋았다고 말씀하셨어요. 수업이 끝난 후 한 학부모님께서 자녀가 수업 중에 울었던 이유를 물어보니, 오랜만에 엄마와 손을 잡아서 울었다고 하셨어요. 수업 덕분에 가족 간의 사랑을 표현할 수 있어 너무 감사하다고 말씀해 주셔서 저도 정말 뜻깊었답니다.

자음샘: 감동적이네요. 저도 그런 수업을 한 번 해보고 싶어졌어요.

모음쌤: 저는 힘들 것 같아서 여전히 공개수업이 두려워요.

훈민쌤: 물론 두렵지만, 공개수업은 교사로서 성장할 수 있는 좋은 기회예요. 실패 속에서도 배울 수 있는 게 많으니 너무 걱정하지 마시고, 이 기회를 잘 활용해 보세요.

교사로서 가장 중요한 것은 역시 수업이에요. 수업 역량을 기르기 위해 다양한 방법을 활용할 수 있죠. 수업 명사의 연수를 듣거나 직접 수업을 하며 시행착오를 겪는 것도 효과적인 방법이에요. 또한, 다른 교사의 수업을 참관하며 수업의 노하우를 배울 수도 있죠.

그러나 다른 교사의 수업을 참관하거나 내 수업을 보여줄 기회는 의외로 적어요. 공개수업이 약식으로 운영되는 경우가 많기 때문이죠. 수업 시간이 겹쳐서, 업무가 많아서, 선생님들이 불편해하실까 봐 등 다양한 이유로 배움의 기회가 줄어드는 경우가 많아요.

과거에는 공개수업이 보여주기식으로 진행되는 경우가 많았어요. 그래서 실제 수업에서 잘 사용하지 않던 자료를 새롭게 제작하거나, 학생들의 발표를 사전에 연습시키는 일이 빈번했죠. 이런 형식적인 관행에 대한 반발로, 요즘에는 '평소대로 하자!'는 명분 아래 오히려 지나치게 형식적으로 진행되기도 해요.

하지만 공개수업은 단순히 보여주기식 행사가 되어서는 안 돼요. 공개수업은 교사가 자신의 수업 역량을 점검하고 성장할 수 있는 기회이자, 학생들을 더 깊이 파악할 수 있는 소중한 시간이랍니다.

제가 근무했던 학교에서는 공개수업 참관록에 '관찰학생 중심으로 수업 보기'라는 항목이 있었어요. 참관 교사는 수업자가 지정한 관찰 학생의 학습 태도와 특이점을 살펴본 후, 이를 수업자와 공유하는 방식이었죠. 교사의 수업 기술보다 학생에게 초점을 맞추면, 수업자가 미처 알지 못했던 부분을 발견할 수 있어요.

2022. 행복자람터 전문적학습공동체 수업나눔 참관록

수업일	20**년 4월 30일 수요일 5교시		참관자		
수업자	4학년 1반 교사 : 주봉준		교 과		국어
단 원	'박찬두 체험' 온책읽기		관찰학생		김○○
종류	질문(예시)		내용		
수업 내용 중심 수업보기	▪ 프로젝트 수업은 어떻게 구성되었나요? ▪ 수업자는 프로젝트 수업의 흐름을 연결하기 위해 어떻게 하였나요? ▪ 수업자는 학생들이 성취기준에 도달할 수 있도록 어떤 방법을 사용하였나요? ▪ 수업을 보면서 인상깊었던 부분은 어디였나요?				
관찰학생 중심 수업보기	▪ 이 학생은 수업에 어떤 자세로 참여하였나요? ▪ 어떤 부분에서 배움이 일어났나요? ▪ 수업 중에 특이한 점이 있었나요?				
전체학생 중심 수업보기	▪ 수업 중 학생들의 태도는 어떠했나요? ▪ 학생들 사이의 관계는 어떠했나요? ▪ 학생들이 성취수준에 도달한 정도가 어떠했나요?				
이 수업에서 배울 점					

[그림 52] 동료장학 수업나눔 참관록 양식

"△△이는 수업 시간 내내 왼손을 책상 안에 넣고 찰흙을 만지작거렸어요."

"정말요? 공책에 필기를 열심히 해서 집중하는 줄 알았는데, 그런 줄 몰랐어요."

"○○이는 처음에는 산만해 보였지만, 모둠 활동을 하면서 리더십을 발휘하더군요."

"맞아요. 친구들에게 말할 기회를 한 번씩 주고, 투표를 진행하며 추진력 있게 결정을 내리는 모습이 인상 깊었어요."

공개수업을 부담스럽게만 생각한다면, 언제까지나 거부하고 싶은 일이 될지도 몰라요. 하지만 선생님들께 이런 말씀을 드리고 싶어요.

공개수업의 가치를 이해하고 이를 어떻게 활용할지 고민한다면, 그것은 선생님들에게 선물 같은 기회가 될 거예요.

공개수업은 교사가 어떤 의지와 목적을 가지고 접근하느냐에 따라 전혀 다른 결과를 만들어냅니다. 이를 교사가 교사다워질 수 있는 발판으로 삼아보는 건 어떨까요? 두려움을 용기로 바꾸고, 배움을 향한 문을 여는 기회로 만들어 보세요.

학부모 상담주간,
공감과 진심으로 나누는 시간

훈민샘: 엊그제 개학한 것 같은데, 벌써 학부모 상담주간이네요. 학부모님들께서 상담 신청을 많이 하셨나요?

자음샘: 저학년이라 그런지 대부분 신청하셨네요. 언제 다 하나 싶어요.

모음샘: 저희 반은 5학년이지만, 학생들에게 관심이 많은 학부모님들이 많으세요. 절반 정도가 신청하셨어요.

훈민샘: 보통 학부모 상담주간에는 학부모님과 어떤 이야기를 나누나요?

모음샘: 아무래도 있는 그대로 얘기하기는 어려우니, "애가 착해요, 교우 관계가 양호해요, 걱정하지 않으셔도 될 것 같아요."와 같이 두루뭉술한 표현을 주로 사용해요.

자음샘: 저도 가능성 위주로 알려드려요. "수업 시간에 집중력이 점점 좋아지고 있어요."라든지, "골고루 먹으려고 노력하고 있는 것 같아요."와 같이 말이에요.

훈민샘: 1학기 학부모 상담주간이지만, 아직 학생들을 만난 지 2주 정도밖에 지나지 않았는데, 어떻게 애들에 대해 파악하셨나요?

모음샘: 솔직히 눈에 띄는 행동을 하는 아이들은 어느 정도 이해가 가지만, 평범한 아이들은 잘 모르겠어요. 그래도 아는 척은 해야 학부모에

게 무시당하지 않잖아요.

자음샘: 저도 마찬가지예요. 선생님은 어떻게 하세요?

훈민샘: 선생님들처럼 저도 처음에는 학부모 상담주간에 갈팡질팡했어요. 잘 모르면서 아는 척하기도 했고, 잘 모르니까 애매하게 말하기도 했어요. 그런데 그렇게 하다 보니 학부모 상담의 의미가 없다고 느껴지더라고요. 그래서 지금은 다르게 운영하고 있어요.

자음샘: 어떻게 다르게 운영하고 계신가요?

훈민샘: 우선 학생에 대한 자료를 수집해요. 학기 초에 가정환경 조사서를 받잖아요. 그 안에는 학생의 가족 관계, 학원 수강 현황, 취미나 특기, 좋아하는 과목, 친한 친구, 주의해야 할 건강 상태 등이 적혀 있는데요. 이러한 정보는 상담할 때 큰 도움이 돼요.

모음샘: 가정환경 조사서를 활용하고 있군요!

훈민샘: 더불어 첫날에 학생들이 작성한 자기소개서도 참고해요. 학부모님이 작성해 주시는 가정환경 조사서와는 또 다른 학생의 입장을 알 수 있거든요. 자기소개서에 "내가 가장 잘하는 것", "내가 잘하지 못하는 것", "좋아하는 과목과 싫어하는 과목" 등을 적어 학부모 상담 때 활용하고 있어요.

자음샘: 가정환경 조사서와 자기소개서를 참고하면 상담 내용이 훨씬 더 풍부해지겠네요.

훈민샘: 게다가 학부모 상담주간은 학기마다 다른 방식으로 진행하고 있어요. 1학기에는 담임 교사가 학부모에게 궁금한 점을 물어보는 방식으로 상담을 진행해요. 예를 들어, "아직 아이들에 대해 잘 모르니 정보를 알려주세요."와 같은 방식으로요.

모음샘: 학부모에게 주로 어떤 걸 질문하시나요?

훈민샘: 크게 세 가지를 질문해요.

첫 번째는 학업입니다. "어머니께서는 ○○이의 학습 수준이 어느 정도라고 생각하시나요?", "어떤 과목을 힘들어하던가요?", "공부하는 태도는 어떤가요?" 이렇게 물어보면 학생의 학업 상태를 좀 더 명확하게 파악할 수 있어요.

두 번째로는 건강에 대해 물어봐요. "○○이는 운동을 좋아하나요?", "혹시 앓고 있는 병이 있나요?", "알레르기 때문에 먹지 못하는 음식이 있나요?"와 같은 질문을 통해 학생의 건강 상태, 식습관, 생활 습관 등을 파악할 수 있어요.

마지막으로 교우 관계에 대해 물어봅니다. "○○이는 친구들과 잘 지내나요?", "가장 친한 친구는 누구인가요?", "작년에 친구 때문에 힘들었던 적이 있었나요?"와 같은 질문을 하면 각자 다양한 사연이 있다는 것을 알 수 있어요. 그러면 "작년에 누구 때문에 우리 애가 힘들어했다.", "친한 친구가 전학을 가서 외로워한다."와 같은 부모님의 걱정을 들을 수 있어요.

자음샘: 아하, 학업, 건강, 교우 관계의 세 가지를 중심으로 학부모님께 정보를 묻는군요. 그렇다면 굳이 아는 척할 필요는 없겠네요. 그리고 아이들에 대해 더 많이 파악할 수 있어서 좋겠어요.

모음샘: 그럼 2학기 학부모 상담주간에는 어떻게 진행하세요?

훈민샘: 2학기에는 한 학기 동안 제가 학생을 관찰하며 파악한 내용을 학부모님께 알려드리는 방식으로 상담합니다. 이때도 학업, 건강, 교우 관계를 주제로 이야기를 나누어요.

예를 들어, "△△이는 영어 단어는 잘 외우지만, 알파벳 소리를 알지 못해서 처음 보는 단어를 읽는 것은 어려워했어요.", "어머니께서 부탁하신 대로 △△이가 싫어하는 반찬도 한 입씩 먹도록 지도했는데, 한 학기 동안 잘 지켰습니다. 칭찬해 주세요.", "작년에 사이가 좋지 않았던 ○○이와 짝을 이룬 적이 있었는데, 쉬는 시간에는 잘 어울려서 놀았지만 짝 활동을 할 때는 여전히 갈등이 있더라고요."와 같은 이야기를 하죠.

자음샘: 칭찬만 하는 게 아니라 부족한 점도 이야기하시네요. 그런 얘기를 하면 학부모님이 싫어하지 않으신가요?

훈민샘: 자녀에 대한 부정적인 이야기를 듣고 싶지 않은 건 부모로서 자연스러운 마음일 거예요. 하지만 객관적인 자료와 사례를 바탕으로 부족한 점을 알려드리면 대부분 이해하시더군요. 오히려 "선생님이 우리 아이에 대해 많은 관심을 가지고 계시구나."라고 생각해 주시는 경우도 많아요.

모음샘: 객관적인 자료는 어떤 걸 말씀하시는 건가요?

훈민샘: 저는 주로 학급일지를 활용해요. NEIS에 기록된 1학기 교과 세부 능력 및 특기사항(세특)과 행동특성 및 종합의견(행특)도 참고합니다. 저는 학급일지를 바탕으로 매달 가정통지표를 보냅니다. 교과 세특이나 행특을 매달 기록하는 것과 마찬가지인 것이죠. 이러한 자료를 바탕으로 상담을 진행하면 신뢰를 얻을 수 있어요.

선생님들께는 학생 상담일지를 활용하는 것을 추천해요. 간략하게 적는 나이스의 상담일지 대신, 교무수첩과 같은 곳에 자세히 기록해 두면 학부모와 상담할 때 큰 도움이 될 겁니다.

자음샘: 적자생존! 적는 자가 생존한다고 하더니, 역시 기록이 중요하네요. 꾸준히 기록하는 습관을 길러야겠어요.

모음샘: 1학기와 2학기 학부모 상담주간의 목표를 다르게 설정하니까 더욱 명확하고 체계적인 느낌이 드네요. 감사합니다.

학부모를 대하는 일이 참 어렵게 느껴지시죠? 학부모 상담주간이 다가오면 무슨 말을 해야 할지 막막하거나, 말실수나 오해로 인해 문제가 생기지 않을까 걱정되기도 하시나요?

2023년 교사 직무 관련 정신 건강 실태조사에 따르면, 교사들이 학교에서 느끼는 가장 큰 스트레스 요인은 바로 학부모 상담 및 민원 대응(38.8%)이라고 해요. 이는 학생 생활지도 및 상담(27.7%)이나 행정업무(21.5%)보다도 높은 수치죠. 이 결과는 학부모와의 소통이 교사들에게 얼마나 큰 부담으로 다가오는지 잘 보여줍니다.

특히 학부모와의 전화 상담이 잦아질수록 교사의 심리적 건강에 부정적인 영향을 미친다는 연구 결과도 있어요. 주 10회 이상 전화 상담을 하는 교사 중 60.8%가 심각한 우울 증상을 보였다는 조사 결과는, 학부모 상담이 교사들에게 상당한 스트레스를 유발할 수 있음을 알 수 있죠.

이런 이유로 일부 학교에서는 학부모 상담주간을 아예 없애기도 해요. 학부모들이 필요할 때 언제든지 연락할 수 있으니 굳이 정기적인 상담주간이 필요하지 않다는 논리 때문이에요. 그러나 상담이 없어지면 교사와 학부모 간의 소통이 단절되거나 오해가 생길 수도 있어요.

저는 학부모 상담이 학생 교육에 꼭 필요하다고 생각해요. 학부모로부터 얻는 정보는 학생의 학업과 생활 지도를 하는 데 중요한 자료가 되거든요. 또한, 학생의 문제 행동을 개선하거나 학교와 가정이 협력해야 할 부분을 논의하는 기회가 되기도 해요.

예를 들어, 수업 시간에 집중하지 못하고 산만한 학생이 있어 여러 차례 지도를 했지만 큰 변화가 없었어요. 학부모 상담을 통해 이야기를 나누다 보니, 최근 부모님께서 이혼을 진행하면서 학생의 정서가 불안한 상태라는 것을 알게 되었죠. 이를 바탕으로 학교에서는 학생 상담을 진행하고, 가정에서도 학생과의 소통 시간을 늘려달라고 요청했어요. 이후 학생의 정서가 점차 안정되었고, 학업 태도 역시 크게 개선되었어요.

　학부모 상담을 좀 더 체계적이고 의미 있게 운영하기 위해 학부모 상담주간의 목표를 1학기와 2학기로 나누어 다르게 설정했어요. 1학기 상담은 학생에 대한 정보를 수집하는 데 초점을 맞췄답니다. 학부모님께 학생의 가정환경, 학업, 건강, 교우 관계에 대한 의견을 듣고 필요한 정보를 얻는 방식으로 진행했으며, 이를 위해 가정환경 조사서와 학생의 자기소개서를 적극 활용했어요.

　2학기 상담은 학생의 성장과 변화를 학부모님과 공유하는 것을 목표로 삼았어요. 1학기 동안 학생을 관찰하고 기록한 내용을 바탕으로, 학생의 학업 성과, 교우 관계, 행동 변화를 학부모님께 구체적으로 전달했죠. 교과별 세부능력 및 특기사항, 행동 특성 및 종합의견과 같은 자료를 근거로 활용하여 상담을 진행했는데, 이는 교사의 전문성을 보여줄 뿐만 아니라 교사와 학부모 간의 신뢰를 쌓는 데에도 큰 도움이 되었어요.

　하지만 아무리 철저히 준비하더라도 예상치 못한 상황은 발생하기 마련이에요. 상담의 주제가 산으로 가기도 하고, 객관적인 자료를 바탕으로 설명했음에도 불구하고 학부모님이 납득하지 못하는 경우도 있었어요. 심지어 화를 내며 "선생님은 우리 애를 나쁘게만 보시는 것 같아요."라고 말씀하시는 분도 있었죠.

　그래서 저는 학부모와 상담하기 전에 스스로에게 다짐해요.
"학부모의 마음에 공감하고, 내 마음도 솔직하게 표현하자."
　학부모님의 불만은 자녀 양육의 어려움과 불안에서 비롯된다고 생각해요. 그래서 학부모님의 말을 경청하며 공감하려고 노력해요. "많이 속상하셨죠? 저도 자녀를 키우다 보니 그 마음이 얼마나 힘든지 알 것 같아요."라고 말하며 그들의 마음을 이해하려고 했죠.

또한, 제 마음도 솔직히 표현하려고 노력했어요. "△△이가 조금만 더 예쁜 말을 쓰면 친구들과의 관계가 더 좋아질 것 같은데, 가정에서도 함께 지도해 주시면 정말 큰 도움이 될 것 같습니다."라고요.

물론 일부 학부모님의 갑질이나 민원으로 인해 교사들이 위축되고, 학부모 상담을 두려워하는 경우도 있어요. 하지만 대다수의 학부모님은 이성적이며 자녀를 진심으로 사랑하는 분들이에요. 교사와 학부모 간의 대화가 원활히 이루어진다면, 학부모 상담은 학생의 교육과 성장에 필요한 정보를 공유하고, 학교와 가정이 협력할 수 있는 중요한 창구가 될 거예요.

학부모 상담이 부담스러울 수 있지만, 충분히 준비하고 공감과 진심으로 다가간다면 분명 의미 있는 시간이 될 거예요. 신뢰와 협력을 바탕으로 학부모 상담을 긍정적인 소통의 장으로 만들어 나가실 수 있도록 항상 응원하겠습니다.

사춘기, 너희가 성장하는 순간이야

자음샘: 1학기에는 무난했던 여학생들이 2학기 들어서 너무 예민해진 것 같아요. 친구의 한마디에 상처받아 눈물을 흘리기도 하고, 삐치는 경우도 많아져서 달래느라 힘들어요.

모음샘: 그거 사춘기 아닌가요? 우리 5학년 애들도 비슷해요. 남학생들은 사춘기에 접어들면 시큰둥해지고 대답도 잘 하지 않더라고요.

자음샘: 우리 때는 중학생 시절에 사춘기가 시작됐던데, 요즘은 그 시기가 더 빨라진 것 같아요.

훈민샘: 맞아요. 개인차가 있긴 하지만, 질병관리청에 따르면 여학생은 보통 초등학교 4학년, 남학생은 5학년부터 사춘기가 시작된다고 해요. 저도 예전보다 사춘기가 빨라졌다고 느껴요.

자음샘: 4학년 애들은 2학기가 시작되면서 갑자기 예민해지고 약간 반항적인 행동을 할 때 지도하기가 어려워요.

모음샘: 5학년 여학생들이 남학생들에게 이성적인 호감을 표현할 때, 남학생들이 부끄러워하며 거리를 두는 모습을 종종 볼 수 있어요. 이것도 사춘기 때문일까요?

훈민샘: 그렇다고 볼 수 있죠. 물론 아이들마다 차이는 있지만, 일반적으로

여학생은 이성에 대한 관심이 늘어나고, 감정 표현과 관계 형성에 익숙해져요. 반면, 남학생들은 감정적으로 덜 성숙하고, 친구들에게 남성다움을 보여주려는 방어 기제로 여학생들과 거리를 두려는 경향이 있어요. 이러한 태도는 시간이 지나면서 점차 변할 거예요.

자음샘: 선생님, 그럼 사춘기가 시작된 애들은 어떻게 지도해야 하나요?

훈민샘: 그럼 제가 교실에서 실시하고 있는 '사춘기 교육 방법'을 소개할게요. 첫 번째로, 사춘기는 모두가 겪는 자연스러운 성장 과정이라는 걸 알려줘요.

"여러분, '사춘기'라는 말을 들어본 적이 있나요? 사춘기는 여러분이 아이에서 어른으로 성장하기 위해 몸과 마음이 자라는 특별한 시기예요. 사춘기는 누구나 겪는 자연스러운 성장 과정이에요."

모음샘: 사춘기는 누구나 겪는 자연스러운 과정이라는 것을 알려주는 게 중요하군요.

훈민샘: 두 번째로, 사춘기 시기에 나타나는 신체 변화를 알려줘요.

"사춘기는 몸이 성장하는 시기예요. 이 시기에는 키가 훌쩍 자라고, 목소리가 변하며, 피부에 여드름이 생기기도 해요. 남학생은 아빠처럼, 여학생은 엄마처럼 몸이 변하죠. 이때 몸이 많이 성장하기 때문에 영양소를 골고루 섭취하고 충분히 자는 게 중요해요."

자음샘: 저번 학예회 때 무대 의상을 빌렸는데, 의상에 가슴 패드가 붙어 있어서 여학생들이 엄청 부끄러워했어요. 남학생들끼리도 털이 났냐 안 났냐 하면서 투닥거리기도 하고요. 이 점에 대해 잘 알려줘야겠네요.

훈민샘: 세 번째로, 사춘기에는 마음이 혼란스러울 수 있다고 알려줘요.

"여러분, 혹시 예전과 달리 이유 없이 짜증이 늘고, 예민해졌나요? 갑자기 화가 나기도 하고, 혼란스럽기도 하죠? 사춘기는 나의 모습을 스스로 만들어가는 시기예요. 그런데 문제가 생겼어요. 여러분은 자신의 모습을 만들어가기에 아직 성숙하지 못해요. 어떤 사람이 되어야 할지 방향을 잡기 어렵고 머리가 복잡해져요. 그래서 짜증이 나기도 해요.

사춘기에는 감정이 자주 바뀌고, 쉽게 화가 나거나 슬퍼질 때도 있어요. 이는 몸속의 호르몬이 변하면서 나타나는 자연스러운 현상이에요. 여러분의 마음이 성장하는 과정이기 때문에 '왜 나는 이럴까?'라고 자책할 필요는 없어요."

모음샘: 아이들이 자신의 모습을 멋지게 만들고 싶어 하지만, 그러지 못해 자책하며 힘들어하는 모습을 본 적이 있었어요. 잘 알려줘야겠네요.

자음샘: 그렇다면 사춘기 변화에 대해 알려주는 것만으로 충분할까요? 그렇게만 해서 애들의 짜증이나 예민한 태도가 바뀔 수 있을까요?

훈민샘: 그렇지 않아요. 사춘기에 대해 이해하는 건 교육의 시작일 뿐이에요. 본격적인 교육으로 넘어가 봅시다.

네 번째로, 나쁜 감정을 주변 사람에게 쏟아내서는 안 된다고 가르쳐요.

"사춘기 시기에 짜증이 나거나 슬픈 감정을 느끼는 건 자연스러운 일이지만, 그 감정을 부모님이나 친구들에게 쏟아내는 것은 또 다른 문제예요.

사춘기인 아이들은 속마음을 다른 사람에게 보여주고 싶어 하지 않아요. 왜냐하면 바라는 자신의 모습에 비해 실제 모습이 아직 마음에 들지 않기 때문이에요. 그러다 보니 비밀이 많아지고, 속마음을 다른 사람에게 들키고 싶지 않아요. 그래서 가족들과 거리를 두고 방을 '쾅' 닫고 혼자 시간을 보내기도 해요. 친한 친구들과 귓속말로 속마음을 나누다가, 다른 친구들에게 오해를 받기도 해요. 이로 인해 갈등이 많이 발생하고, 짜증을 내며 말다툼을 하는 일도 생기죠. 사춘기라고 해서 모든 행동이 용납되는 건 아니에요. 나쁜 감정을 쏟아내면 다른 사람에게 상처를 줄 수 있어요. 내가 사춘기라는 걸 알고, 감정을 조절해야 해요."

모음샘: 그렇군요. 속마음을 다른 사람에게 보여주고 싶지 않아서 비밀이 많아지고, 갈등도 생기는 것이군요. 그런데 나쁜 감정을 참으라고 해야 할까요?

훈민샘: 그렇지 않아요. 감정을 무작정 억누르면 오히려 해로울 수 있어요. 그러므로 그러한 감정을 긍정적으로 해소하는 방법을 찾는 게 중요해요.

다섯 번째로, 스트레스를 해소할 수 있는 좋은 방법을 찾도록 도와줘요.

"선생님은 학교에서 배우는 음악, 미술, 체육과 같은 예체능 교과가 국어, 수학, 영어와 같은 교과 못지않게 중요하다고 생각해요. 음악, 미술, 체육 과목을 통해 나의 취미를 찾을 수 있어요.

취미, 즉 여가 활동이라고 하죠. 일하는 것 이외에 몰입해서 즐기는 활동은 사람에게 매우 중요해요. 취미를 통해 여러분은 불현듯 찾아오는 스트레스를 효과적으로 해소할 수 있어요.

누구는 악기를 연주하거나 농구를 하며, 또 누구는 블록 쌓기를 통해 스트레스를 해소할 수 있어요. 사람마다 스트레스를 푸는 방법은 다르죠. 그러므로 자신만의 스트레스를 해소할 수 있는 취미를 찾아야 합니다. 수업 시간에 다양한 활동을 통해 나만의 취미를 발견해 보세요."

자음샘: 선생님, 그런데 요즘 애들한테 취미가 뭐냐고 물어보면 대부분 게임이나 유튜브 영상 보기라고 하더라고요. 그런 취미도 괜찮은 건가요?

훈민샘: 좋은 취미가 되기 위한 조건이 있어요. 첫째, 스트레스를 해소할 수 있어야 하며, 둘째, 건강을 해치지 않아야 한다는 거예요. 그러나 학생들이 주로 즐기는 게임 중에는 경쟁적인 요소가 많고, 채팅으로 다른 사람을 비난하는 경우도 있으며, 지나치게 중독적이어서 시간 가는 줄 모르고 빠져들게 돼요. 또한, 숏폼(short-form)과 같은 짧은 영상이나 자극적인 콘텐츠만 본다면 오히려 스트레스가 커질 수 있어요.

스트레스를 긍정적으로 해소할 수 있고 건강에도 문제가 없다면, 게임이나 영상 감상이 취미가 될 수 있어요. 학생들이 올바른 선택을 할 수 있도록 도와주어야 해요.

모음샘: 생각해보면 저도 어릴 때 게임을 통해 세계 지도나 역사를 익히고, 영상으로 종이접기 방법을 배운 적이 있어요. 이런 활동은 취미가 될 수 있겠네요.

훈민샘: 마지막으로, 나 자신과 자주 대화를 해야 해요.

"사춘기 시기에 멋진 어른으로 성장하기 위해서는 자기 자신과의 대화가 중요해요. '나는 누구지?', '내가 좋아하는 건 무엇일까?', '어떻게 살아야 하고, 어떻게 죽어야 하지?'와 같은 질문을 스스로에게 던지며 고민하는 시간이 필요해요. 이러한 고민을 많이 할수록 혼란스러운 마음은 줄어들고, 나를 이해하고 사랑하는 마음이 커질 수 있어요."

자음샘: 저도 사춘기 때 그런 생각을 많이 했어요. 그런데 그 고민에 대한 정답을 꼭 찾아야 할까요?

훈민샘: 사춘기 시기에 자신의 정체성, 가치관, 미래에 대해 깊이 고민하고 자신을 탐구하는 것을 '사색'이라고 할 수 있는데요. 사색은 단순히 답을 찾기 위한 과정이 아니라, 자신을 이해하고 성숙해지는 과정이기 때문에 반드시 정답을 구하지 못해도 괜찮아요. 저는 도덕 교과의 자기 성찰 단원과 연계하여 이러한 활동을 진행하기도 했어요.

모음샘: 사춘기가 시작된 아이들을 어떻게 지도해야 할지 막막했는데, 선생님의 '사춘기 교육 방법'을 듣고 나니 방향이 조금 잡히는 것 같아요.

자음샘: 저도 아이들의 행동을 이해하게 됐어요. 감사합니다.

몇 년 전, 부모님께서 저에게 이런 질문을 하셨어요.

"너는 사춘기가 없었지?"

"아뇨, 저는 중학생 때 사춘기가 왔었어요."

"정말? 난 몰랐는데?"

"갑자기 짜증이 나고, 나는 누구인지 고민하면서 머릿속이 혼란스러웠어요. 그때 알았죠. 사춘기가 시작되었다는 것을. 그래서 방에서 몰래 이불을 뒤집어쓰고 소리 지르기도 하고, 베개를 때리기도 했어요. 다행히 친구들과 함께 노래를 부르거나 학교 주변을 산책하면서 스트레스를 풀다 보니 자연스럽게 이 시기를 극복할 수 있었어요."

맞습니다. 누구나 겪는 사춘기, 저도 경험했습니다. 다만, 제가 스스로 사춘기를 인지하고 스트레스를 해소하는 바람직한 방법을 찾았죠. 덕분에 주변 사람들에게 부정적인 감정을 표현하지 않을 수 있었고 건강하게 성장할 수 있었어요.

저는 MBTI 성격 유형 검사[15]를 해보면 INTJ라는 성격 유형이 나옵니다. 저는 논리적으로 문제를 해결하는 과정을 즐기며, 분석하는 데 흥미를 느낍니다. 또한, 새로운 것을 배우면 이를 제 방식대로 적용해보는 것을 좋아하죠. 이러한 제 성격은 사춘기 시절에 형성되었어요.

학창 시절, 저는 학교와 학원을 오가며 많은 시간을 걸어 다녔습니다. 걸으면서 여러 가지 생각을 했어요. '나는 왜 태어났을까?', '어떤 삶이 가치가 있을까?', '신은 존재하는가?', '사람들은 왜 저마다 다를까?' 이러한 사색의 시간을 통해 저는 현재의 제 모습을 만들어갔고, 덕분에 또래에 비해 빠르게 삶의 방향을 정할 수 있었죠. 돌아

---

15) MBTI 성격 유형 검사는 개인의 성격을 외향–내향, 감각–직관, 사고–감정, 판단–인식의 네 가지 차원으로 분석해 16가지 성격 유형 중 하나로 분류하는 심리 검사입니다.

보면, 이 시간이 저를 건강하게 성장시켜 준 든든한 밑거름이 된 것 같습니다.

사춘기 시기를 찰흙으로 나의 모습을 빚어가는 과정에 비유해 아이들에게 설명해 줄 수 있어요. 어릴 때는 부모님이나 어른들이 아이의 모습을 찰흙으로 빚어주었어요. "사람들을 만나면 공손하게 인사해. 친구들과 사이좋게 지내. 할 말이 있으면 당당하게 말해." 이렇게 아이의 모습은 어른들의 도움을 받아 예쁘게 빚어졌어요.

하지만 사춘기가 되면 아이는 자신의 모습을 스스로 만들어가고 싶어져요. "엄마, 이제 제 모습은 제가 만들 거예요." 그래서 이 시기에는 부모님이 바라는 장래희망과 아이가 원하는 장래희망이 다르게 나타나기도 하죠. 그런데 여기서 문제가 생겨요. 아이들은 아직 어른들만큼 성숙하지 않아서 자신의 모습을 예쁘게 빚어내는 것이 쉽지 않아요. 반짝이는 눈을 만들고 싶어도 양쪽 눈의 크기가 달라지고, 자신감 있는 입꼬리를 그리고 싶어도 결과물이 기대에 미치지 못하죠. 이런 미숙함 때문에 아이들은 짜증이 나는 거예요.

우리는 아이에게 사춘기 시기에 겪는 마음의 변화를 쉽게 설명하고 이해시켜야 해야 해요. 스스로 알아야 현명하게 대처할 수 있답니다. 이런 내용을 담아 저희 학급에서 실시하고 있는 '사춘기 교육 방법'을 정리해 보겠습니다.

　① 사춘기는 자연스러운 성장 과정임을 알려준다.
　② 사춘기 시기의 신체 변화를 알려준다.
　③ 사춘기에는 마음이 혼란스러울 수 있다는 걸 알려준다.
　④ 나쁜 감정을 주변 사람에게 쏟아내지 않도록 가르친다.
　⑤ 스트레스를 해소할 방법을 찾도록 돕는다.
　⑥ 자신과의 대화를 많이 하도록 돕는다.

사춘기는 아이들이 자신을 탐색하고, 세상과 관계를 맺는 중요한 시기예요. 그만큼 혼란스럽고 감정적으로 많은 변화가 일어나지만, 이러한 과정을 잘 이해하고 지지해 주는 교사의 역할은 매우 중요하죠. 주변 사람들은 아이들이 겪는 감정의 변화를 공감하고, 그들의 내면적인 혼란을 존중해야 해요. 또한, 아이들에게 감정을 건강하게 해소하는 방법을 찾아주고, 자기 자신과 대화하는 시간을 통해 자아를 발견할 수 있도록 돕는 것이 필요하죠.

이 모든 과정에서 중요한 것은 학생들에게 그들의 성장과 변화가 부정적인 것이 아니라 성장의 한 단계임을 알려주는 것이에요. 사춘기 아이들에게 정말 필요한 것은 자신을 이해하고 사랑할 수 있는 시간과 자신의 삶을 스스로 선택해볼 기회라는 것을 우리는 잊지 말아야 해요.

사춘기를 겪는 아이들이 더 건강하게 자아를 찾아갈 수 있도록, 그들이 스스로 자신의 모습을 빚어가는 과정을 조용히 옆에서 지켜봐 주는 멋진 어른이 되어 봅시다.

협의회,
미움받을 용기를 내어볼까?

모음샘: 이번 학예회는 작년과 다를 것 같아요.

자음샘: 기대돼요. 작년처럼 학급에서 준비하지 않고, 마음이 맞는 학생들끼리 동아리 활동을 하면서 결과물을 학예회에 올리는 것이어서 뭔가 새로울 것 같아요.

훈민샘: 그동안 여러 방식으로 학예회를 해봤는데, 저는 동아리와 학예회를 연계하는 방식이 가장 좋더라고요. 우선 학생들이 원하는 공연 종목을 직접 선택할 수 있어서 학생들의 만족감이 크고, 동아리 활동이 곧 연습 시간이 되니 수업 결손도 적고요.

모음샘: 그런데 협의회에서 다른 선생님도 말씀하셨지만, 동아리는 아무래도 학생들이 주도하다 보니 공연의 질이 떨어질 수도 있지 않을까요? 좀 걱정이 되네요.

훈민샘: 물론 동아리마다 담당 교사가 옆에서 도와주면서 공연의 질을 높여야 하겠지만, 공연의 질보다는 학생들이 스스로 준비했다는 그 과정에 의미를 두어야 한다고 생각해요. 학생들이 원하는 동아리를 선택하고, 동아리에서 어떤 공연을 할지 결정하고, 협력하여 준비하는 그 과정이 학급에서 선생님이 시키는 대로 준비해서 공연하는

것보다 더 보람 있지 않을까요?

자음샘: 선생님, 협의회에서 동아리와 학예회를 연계하자는 의견을 내시는 걸 봤는데요. 반대하는 분위기였음에도 불구하고 당당하게 말씀하시더라고요.

모음샘: 맞아요. 전체적으로 작년에 했던 대로 하자는 분위기였는데, 그런 의견을 내시니까 선생님들께서 조금 당황해하시더라고요. 선생님은 어떻게 그렇게 주저하지 않고 다른 의견을 말씀하실 수 있으세요?

훈민샘: 저라고 해서 두려움이 없는 건 아니에요. 의견을 내기 전에 많은 고민을 해요. '내가 이런 의견을 내면 다른 선생님들이 불편해하지 않을까?', '관리자분들이 언짢아하시면 어떻게 하지?'라는 생각을 하죠. 하지만 제가 옳다고 믿는 의견이 있다면, 용기를 내보려고 노력한답니다.

자음샘: 하긴, 우리 처음 만났던 새학년 맞이 주간 때가 생각나요. 그때도 선생님께서 미리 준비된 업무 분장을 보시고 다른 의견을 내셨잖아요.

훈민샘: 제가 근무했던 학교에서는 새학년 맞이 주간에 협의를 통해 업무를 분장했어요. 그런데 여기서는 이미 업무 분장이 정해져 있었고, 교감 선생님께서 협의 없이 신속하게 결정을 내리시려 하시더라고요. 그래서 제가 "교감 선생님, 이 업무 분장은 협의를 통해 조정될 가능성이 있는 건가요?"라고 여쭈었죠.
저도 속으로 '내가 너무 예의가 없었나?' 하고 걱정했지만, 그때가 아니면 업무 분장에 대해 논의할 기회가 없을 것 같아서 의견을 말했어요.

모음샘: 저희는 신규라서 잘 모르니까 주어진 대로 업무를 맡았지만, 업무

분장표를 보면서 하나씩 이야기하니 업무에 대해 대강 파악할 수 있었어요. 그렇게 하니까 뭔가 민주적이라는 느낌도 들었고요.

훈민샘: '민주적 학교 문화'라는 말을 들어보셨죠? 사실 예전에는 학교 문화가 상당히 수직적이었어요. 협의회에서는 주로 교장과 교감 선생님께서 의견을 말씀하셨고, 협의 없이 그대로 받아들여졌죠. 선배들이 주장하면 후배들은 군말 없이 따르는 분위기였고요. 그러다 보니 좋은 의견이 있어도 말하기를 주저하게 되었고, 원치 않는 방식으로 교육과정이 운영되면서 선생님들의 불만도 많았어요.

최근에는 민주적 학교 문화가 많이 확산됐어요. 관리자분들도 교사 협의회의 결정을 존중해 주시며, 경력에 상관없이 누구나 자신의 의견을 자유롭게 말할 수 있어요. 물론 여전히 다른 분들의 눈치를 보며 조심스럽게 의견을 내는 경우가 많긴 하지만요.

자음샘: 예전보다는 훨씬 나아진 거군요. 그래도 저는 협의회에서 의견을 말하는 게 아직도 두려워요. 혹시 나쁘게 생각하실까 봐 걱정이 되거든요. 선생님은 처음부터 그렇게 당당하셨나요?

훈민샘: 저도 여러분과 마찬가지였어요. 하지만 신규 시절에 만났던 교장 선생님 덕분에 지금처럼 용기를 낼 수 있었죠. 그 교장 선생님은 항상 제 의견을 존중해 주셨어요. 협의할 때는 좋은 아이디어가 없냐고 물어봐 주셨고, 제 의견이 받아들여지지 않더라도 칭찬해 주셨거든요.

모음샘: 그런데 모든 관리자분들이 그 교장 선생님과 같지는 않잖아요.

훈민샘: 맞아요. 사실 작년에 했던 대로 하자는 분위기가 강할 때 제가 아이디어를 내면 불편해하는 분들이 계셨어요. 아마 속으로 '왜 저런 의

견을 내서 일을 복잡하게 만들지?'라고 생각하실 거예요. 저도 그런 시선을 받으면 주눅이 들기도 해요.

하지만 그럴 때마다 항상 생각해요. "나는 미움받을 용기가 있다!" 민주적 학교 문화는 누구나 자신의 의견을 자유롭게 말할 수 있어야 가능해요. 제가 먼저 물꼬를 트면, 누군가는 용기를 얻어서 하고 싶었던 말을 할 수도 있어요. 의견이 받아들여지지 않더라도 다양한 생각이 모이면 더 나은 결과가 나올 가능성이 높아지니까요. 그래서 미움받더라도 할 말은 꼭 하자고 다짐하며 의견을 내죠.

자음샘: 저는 정말 소심하지만, 우리 학교의 분위기라면 한 번쯤 의견을 말해볼 수 있을 것 같아요.

모음샘: 저는 평소에 불만이 많은 편인데, 속으로 불평만 하지 말고 협의회에서 제 의견을 내봐야겠어요. 미움받을 용기를 내어보죠, 뭐.

훈민샘: 아무도 미워하지 않을 거예요. 용기만 있다면 말이죠.

제 이야기를 잠깐 들려드릴게요. 새 학년이 시작되고 첫 협의회를 하던 날이었어요. 교장 선생님께서는 지난 운동회에서 학부모 경기의 만족도가 낮았으니 이를 없애자는 의견을 내셨어요. 하지만 저는 학부모의 참여가 운동회에서 중요한 의미를 가진다고 생각했어요. 그래서 "교장 선생님, 작년에 학부모 경기의 종목이 적절하지 않았던 것 같습니다. 경기를 없애기보다는 더 흥미로운 종목을 운영하여 만족도를 높이는 게 나을 것 같습니다."라고 말씀드렸죠.

협의회가 끝난 후, 새로 부임한 선배 선생님께서 저를 부르셨어요.

"선생님, 교장 선생님의 의견에 그렇게 반박하면 큰일 납니다. 교장 선생님께서 말씀하시면 '그런가 보다.' 하고 받아들여야죠."

"선생님, 걱정하지 마세요. 저희 교장 선생님께서는 오히려 다양한 의견을 내는 걸 좋아하십니다."

선배 선생님께서 걱정되어 충고를 해주셨지만, 저와 교장 선생님은 서로에 대한 믿음으로 이어진 관계였기에 전혀 두렵지 않았습니다. 다행히 그해 운동회에서는 학부모 경기 종목이 '플로어볼'로 바뀌었고, 경기는 정말 흥미롭게 진행되었어요.

나의 의견을 말하는 건 참 용기가 필요한 일이에요. 저는 신규 교사 시절 좋은 환경에서 보살핌을 받았기에 그러한 용기를 얻을 수 있었지만, 모든 선생님이 저와 같은 경험을 하신 건 아닐 거예요. 혹시라도 말 한마디로 인해 눈초리를 받거나 주눅이 든 경험이 있다면, 이후에는 의견을 쉽게 꺼내기 어려울 거예요.

그럼에도 불구하고, 선생님들께서 미움받을 용기를 가지고 당당히 의견을 내주셨으면 좋겠어요. 그 이유를 몇 가지 말씀드릴게요.

첫째, 학생들에게 자신의 생각을 적극적으로 발표하도록 가르치는 선생님은 행동으로 모범을 보여야 해요. 우리는 학생들에게 자신의 생각을 정리하여 조리 있게 발표하라고 가르쳐요. 학생들이 바람직한 민주 시민으로 성장하기를 바라면서요. 그러나 정작 선생님들이 학교에서 자신의 의견을 당당히 말하지 않는다면, 학생들에게 어떤 본보기를 보여줄 수 있을까요?

둘째, 다양한 의견은 더 나은 결정을 이끌어요. 혼자서 내리는 결정보다 여러 사람의 의견이 모인 결정이 더 정확하고 효과적일 때가 많아요. 이를 '집단 지성의 효과'라고 하지요. 다양한 의견이 모이면 문제를 여러 관점에서 바라볼 수 있으며, 의견이 충돌하거나 융합되면서 새로운 아이디어가 탄생하기도 해요.

셋째, 활발한 협의는 변화를 가져와요. 학교 문화는 비교적 정적인 편이에요. 기존 방식을 답습하며 변화를 꺼리는 경우가 많지요. 하지만 고인 물은 썩기 마련이에요. 빠르게 변하는 시대에 발맞추기 위해서는 다양한 의견을 수렴하여 성장을 추구해야 해요. 그렇지 않으면 교육은 정체되고 결국 뒤처질 수밖에 없어요.

마지막으로, 의견을 쉽게 말할 수 있는 분위기는 민주적 학교 문화를 형성해요. 누구나 자신의 의견을 자유롭게 말할 수 있다는 건, 동시에 누구의 의견이라도 경청할 수 있다는 뜻이겠죠. 서로를 존중하는 환경은 학교 구성원들의 만족도를 높이며, 결과적으로 협력과 교육적 성과를 향상시키는 데 기여해요.

나의 작은 용기가 누군가에게도 용기를 줄 수 있어요.

내가 먼저 내 생각을 꺼내고, 다른 이의 생각을 경청하며 협력한다면 우리는 더 나은 결정을 내릴 수 있을 거예요. 이러한 과정이 지속적으로 쌓이고 쌓여 학교 안에 민주적인 문화가 자리 잡고, 서로를 존중하며 함께 성장하는 학교로 변화할 수 있겠죠.

변화는 언제나 누군가의 첫걸음에서 시작돼요. 그 첫걸음을 내딛는 용기 있는 사람이 바로 내가 될 수 있어요. 함께 생각을 나누고 협력하여 더 나은 학교를 만들어 나가요.

전학공,
함께라서 더 울창한 배움의 숲

자음샘: 새로 오신 교장 선생님께서 유독 전학공(전문적 학습 공동체)을 강조하시는 것 같아요.

모음샘: 네, 제가 담당하는 업무라서 걱정이에요. 교장 선생님께서는 전학공을 의미 있게 운영하라고 하시고, 선생님들은 가뜩이나 바쁜데 전학공 때문에 시간이 더 없다며 불만을 토로하세요.

자음샘: 맞아요. 저희 3~4학년 전학공은 '영어 회화 동아리'인데, 주제를 잘못 잡은 것 같아요. 영어 원어민 선생님이 시간이 된다고 해서 그렇게 주제를 정했는데, 저는 영어를 배우는 것에 관심이 없어서 참석하기가 더 싫어요.

모음샘: 어? 저는 요즘 해외여행 준비를 하면서 영어 공부를 하고 있는데, 아쉽네요. 저희 5~6학년 전학공은 '독서 동아리'인데, 함께 읽을 책은 샀지만 거의 모이지 않았어요. 당연히 책도 아직 다 못 읽었고요. 전학공을 학년별로 고정하지 말고 선생님들이 원하는 주제를 선택할 수 있도록 운영하면 더 좋을 것 같아요.

훈민샘: 교장 선생님께서 전학공을 제대로 운영하라고 하셔서 고민이 많으시죠? 시간도 부족해서 형식적으로 운영되다 보니 효과를 제대로 내

지 못하는 것 같아요. 그럼 우선 전학공에 대해 다시 한번 살펴보죠. 전문적 학습 공동체란 '수업과 평가의 혁신을 위해 교사의 전문성을 키우는 협동적 연구와 실천의 공동체'라고 「경상남도교육청의 도움 자료(2024)」에서도 정의하고 있습니다. 즉, 사회의 빠른 변화에 발맞추어 교사의 역할을 '가르치는 전문가'에서 '배움의 전문가'로 전환하고, 학습자 중심의 수업으로 혁신하기 위해 선생님들이 함께 모여 연구하고 배우라는 취지죠. 선생님들께서는 이러한 취지에 공감하시나요?

자음샘: 사실 교사가 교과서에 나오는 모든 기능에 대해 전문적이지는 않잖아요. 저는 장구를 잘 못 쳐서 국악 수업이 늘 어렵더라고요. 그래서 악기나 스포츠 종목과 같은 기능에 대한 전문성을 키울 필요가 있다는 생각이 들고, 전학공이 필요한 이유도 알 것 같아요.

모음샘: 내년부터 당장 AIDT(AI 디지털 교과서)[16]가 도입된다고 하니 사회가 정말 빠르게 변하는 것 같아요. 선생님들도 이러한 변화에 적응하고 학생들에게 알려주려면 새로운 것을 배우는 시간이 필요하긴 하죠. 혼자 배우는 건 힘드니까, 같이 배우는 게 더 효과적일 거예요.

훈민샘: 전학공의 핵심은 수업이에요. 교사가 수업 전문성을 키울 수 있도록 다양한 운영 방식이 가능하죠. 수업 공개와 피드백에 초점을 둔 연구회, 교육 관련 독서를 통해 생각을 나누는 독서 모임, 특정 주제를 정해 전문성을 높이는 동아리 형태 등 여러 가지 방식이 있어요.

---

16) AIDT(AI 디지털 교과서)는 인공지능 기술을 활용해 학생 개개인의 학습 수준과 특성에 맞춘 맞춤형 콘텐츠와 학습 지원을 제공하는 차세대 교육 도구입니다.

자음샘: 하긴, 옆 학교에서는 동료장학 공개수업을 전학공과 연계해서 운영하고 있더라고요. '하브루타 수업'을 주제로 연수를 진행하고, 이를 적용한 공개수업을 한 후, 사후 협의회를 통해 반성하는 시간을 가졌다고 들었어요.

모음샘: 제 친구의 학교는 독서 모임 형식으로 전학공을 운영했대요. 그 학교는 학교 폭력이 많아서, '회복적 생활교육' 관련 책을 함께 읽고 토론하며 교실에 적용해 보는 활동을 했다고 해요.

훈민샘: 전학공을 알차게 운영하는 학교들이 늘어나고 있어요. 하지만 아직 그 취지에 공감하지 못하거나 바쁘다는 이유로 형식적으로 운영되는 학교도 있죠. 부끄럽게도 우리 학교도 그런 편이고요.

제가 이전에 근무했던 학교에서도 전학공에 대한 반발이 심했어요. 교장 선생님께서는 "제대로 운영해 보라!"고 하셨지만, 선생님들은 "왜 해야 하냐?"며 반발하셨죠. 그래서 절충안을 마련했어요. 취지는 살리되, 부담을 덜어주는 동아리 형식으로 전학공을 운영했죠. 캘리그래피 동아리와 배드민턴 동아리를 만들었는데, 캘리그래피는 강사를 초빙하여 수업을 진행하였고, 배드민턴은 교직원 중 실력이 뛰어난 분들이 중심이 되어 진행했어요.

자음샘: 저도 캘리그래피를 배워보고 싶어요. 그런데 이런 동아리는 수업과는 거리가 있는 것 아닌가요?

훈민샘: 관점에 따라 그렇게 느낄 수도 있죠. 당장 수업의 변화에는 큰 영향을 주지 못하지만, 교사의 전문성을 향상시키는 데는 도움이 돼요. 사실 그 학교에서도 이러한 문제를 제기했었어요. 그래서 다음 해에는 방향을 조금 바꿨죠.

전학공의 취지를 살려 동료장학 공개수업과 연계한 연구회를 운영했어요. 주제는 '프로젝트 수업'이었으며, 각 학급에서 프로젝트 수업의 한 차시를 공개하고 사후 협의회를 진행했죠.

또, 학생들의 관계 개선을 위해 함께 책을 읽고 적용하는 독서 모임도 운영했어요. 저자를 초청하여 연수를 하였고, 학생 다모임에서 관련 행사도 추진했어요.

마지막으로 교직원 기타 동아리도 운영했는데, 음악 시간에 활용하려고 시작했다가 학예회 무대에까지 오르게 되었어요.

모음샘: 와, 전학공을 3가지 형태로 운영하셨군요. 하나만 하기도 힘들었을 텐데, 부담되지 않으셨나요?

훈민샘: 새로운 업무로 전학공을 도입한 게 아니라 기존의 동료장학과 자율장학을 연계했기 때문에 부담이 크지 않았어요. 명확한 목표와 학교의 지원이 있었기에 가능했죠.

자음샘: 전학공을 통해 얻는 게 많아 보이네요. 이번 기회에 우리 학교도 선생님들과 협의해서 제대로 운영해 봐야겠어요!

　과거에는 학창 시절이나 젊은 시절에 배운 지식으로 평생을 살아갈 수 있었어요. 어느 정도의 위치에 도달하면 더 이상의 배움이 굳이 필요하지 않았죠. 하지만 지금은 어떨까요? 시대가 너무 빠르게 변하고 있지 않나요? 항상 앞서 배우고 경험하기를 좋아하는 저조차도 이 변화에 적응하기가 벅찰 정도로, 우리 사회는 알 수 없는 미래를 향해 빠르게 달려가고 있어요.

　교육도 마찬가지예요. 한때는 대략 10년 주기로 바뀌던 교육과정이 이제는 6~7년마다 개정되고 있죠. 교육과정이 바뀔 때마다 지식 중심에서 인간 중심으로, 그리고 창의성을 강조하다가 이제는 역량을 강조하는 등 사회적 요구를 반영한 새로운 내용들이 끊임없이 추가되고 있어요.

　학생들도 예전과 많이 달라졌어요. 요즘 아이들은 디지털 리터러시, 즉 스마트 기기를 다루는 능력은 뛰어나지만, 문해력은 많이 부족하다고 해요. 예전에는 영화를 보여준다고 하면 모두가 좋아했지만, 요즘에는 짧은 영상에 익숙해져서인지 긴 영화를 싫어하는 아이들도 있더라고요.

　이런 변화 속에서 우리 선생님들도 배움을 멈출 수 없어요. 전자 칠판 사용법, AI 활용법, 학생들의 문해력을 향상시키는 방법 등 새로운 지식을 습득하지 않으면 시대에 뒤처질 수밖에 없죠. 아마도 교직을 떠나는 날까지 새로운 것을 배우는 일은 계속될 거예요.

　하지만 새로운 것을 배우고 익히는 일은 결코 쉽지 않아요. 무엇보다도 지속적으로 배우고자 하는 의지를 유지하는 것 자체가 큰 도전이죠. 그래서 전문적 학습 공동체가 필요해요. 전학공을 통해 함께 배우면 혼자 배우는 것보다 훨씬 즐겁고 효과적이며, 무엇보다도 지속할 수 있답니다. 전학공은 거창하거나 큰 목표를 가지고 있지 않아도 돼요. 소규모로 시작해 실천 가능한 목표를 세우는 것만으로도 큰 성과를 낼 수 있어요.

전학공의 기대 효과는 정말 다양해요. 새로운 교육 방법이나 기술을 익혀서 수업의 전문성을 키울 수 있으며, 창의적이고 효과적인 수업 방안을 모색하여 수업을 혁신할 수 있어요. 교사의 역량 강화는 결국 학생들의 성취도로 이어질 수 있죠.

또한, 신뢰와 존중을 바탕으로 한 학교 문화를 만들어 갈 수도 있어요. 저도 실제로 전학공을 알차게 운영했던 해에 동료 교직원들과의 관계가 더욱 특별해졌던 경험이 있어요. 함께하는 시간이 많았고, 자주 소통하고 협력하다 보니 자연스럽게 더 가까워졌죠. 특히 매주 기타 동아리를 운영하며 함께 연습하고, 학예회 무대에서 공연했던 추억은 지금도 잊히지 않는 소중한 순간이에요. 그 덕분에 지금도 가끔씩 만나 밥을 먹으며 그때의 추억을 되새기곤 해요.

전학공은 단순히 배우는 모임이 아니에요. 그것은 교직의 여정을 더욱 풍요롭게 만들어주는 쉼터이자, 우리를 성장으로 이끄는 발판이에요. 나무가 서로의 뿌리를 연결해 함께 버티고 성장하듯, 전학공은 교사라는 큰 숲의 뿌리가 되어 준답니다.

앞으로 전학공이라는 이름 아래에서 배움의 즐거움을 공유하고 함께 성장하는 경험을 누리시길 바라요. 그리고 그 안에서 여러분만의 특별한 추억도 만들어 가세요. 전학공을 통해 함께 성장하고 변화하는 교실을 만들어 봐요.

우리의 작은 노력과 변화가 모이면 학생들에게 더 나은 배움의 기회를 제공할 수 있을 거예요.

전학공의 문은 항상 열려 있답니다. 함께여서 즐거운 그 길을 걸어볼까요?

자리 바꾸는 날,
다름을 경험할 기회야

모음샘: 요즘 우리 반 아이들이 짝꿍과 자주 싸우네요. 자리를 한 번 바꿔야겠어요.

자음샘: 저희 반도 얼마 전에 자리를 바꿨는데, 원하는 친구와 짝이 되지 않아 우는 아이들도 있었어요. 그래도 어쩔 수 없더라고요. 원하는 친구끼리 앉히면 수업에 방해가 되니까 따로 앉힐 수밖에 없었죠.

모음샘: 맞아요, 아이들 자리 바꾸기가 쉽지 않아요. 성향이 맞는지, 사이가 좋은지, 모둠별로 학업 수준이 고르게 분배되었는지까지 고민하다 보면 머리가 복잡해져요. 게다가 그렇게 고민해서 자리를 정해도, "왜 쟤랑 짝이에요?", "쟤랑 하기 싫어요. 모둠 바꿔주세요."라며 불만이 또 얼마나 많은지 몰라요. 선생님은 자리 배치를 어떻게 하세요?

훈민샘: 저희 반은 매달 자리를 바꿔요.

자음샘: 자주 바꾸시네요. 힘들지 않으세요? 아이들도 계속 새로운 짝과 맞춰야 해서 불안해하지 않나요?

훈민샘: 오히려 규칙적으로 바꾸니까 아이들이 "한 달만 참으면 돼."라고 생각하며 편하게 받아들이더라고요. 자주 바꾸니까 새로운 친구들을 알아갈 기회도 많아져서 재미있어하기도 하고요.

그리고 자리 정하는 방법도 다양하게 시도해요. 제비뽑기로 정할 때도 있고, 한 달 동안 모은 역량 점수를 바탕으로 순서를 정할 때도 있어요. "이번에는 또 어떻게 자리를 바꿀까?"라며 기대하는 아이들도 있어요.

모음샘: 그런데 그렇게 랜덤으로 자리를 정하면 사이가 나쁜 친구들끼리 짝이 되거나, 학업 수준이 낮은 아이들만 한 모둠에 모일 수도 있잖아요. 그러면 다툼이 많아지고 모둠 활동이 어려울 수 있지 않을까요?

훈민샘: 그럴 수도 있죠. 하지만 다르게 생각해 볼까요? 사이가 좋지 않은 친구들이 짝이 되면 그 관계를 개선할 수 있는 좋은 기회가 될 수도 있어요. 예전에 사이가 좋지 않은 친구들끼리 짝을 맺어주고, 한 달 동안 '배려심'을 주제로 학급 운영을 한 적이 있어요.

"선생님도 너희가 평소에 갈등이 많고 자주 다투는 걸 알고 있어. 하지만 우리는 나와 다른 사람과도 마음을 맞추고 함께 일할 수 있는 능력을 학교에서 배워야 해. 마음에 들지 않더라도 참고, 친구를 배려해 보자. 이번 달엔 선생님이 '배려심'을 집중적으로 관찰하고 칭찬할 거야. 너희가 성장하는 모습을 기대할게."

물론, 아이들의 본성이 쉽게 바뀌진 않아요. 하지만 교사가 꾸준히 관심을 갖고 지켜보면, 아이들이 조금씩 노력하는 모습을 볼 수 있어요. 아이들 역시 성장하고 싶어 하니까요.

모음샘: 그렇군요. 그런데 학업 수준이 낮은 아이들만 한 모둠에 모이면 학습이 어려울 것 같아요.

훈민샘: 그런 상황도 기회로 삼을 수 있어요. 교사가 학생들의 학업 능력을 고려해 모둠을 구성하면 원래 잘하던 아이들이 모둠을 이끌 확률이

높죠. 하지만 무작위로 모둠을 구성하면 평소에 잘하는 친구들 틈에서 주눅 들었던 아이들이 자신감을 가질 수 있는 기회가 될 수도 있어요.

학업 수준이 낮은 아이들로 구성된 모둠은 처음에는 당황하고 뭘 해야 할지 갈피를 잡지 못할 거예요. 그럴 때 교사가 다가가서 "잘 하지 않아도 괜찮아. 너희도 충분히 할 수 있어. 이번에는 너희들끼리 한 번 해보는 거야. 선생님이 도와줄게."라며 슬쩍 밀어주면, 그 중에서 새로운 리더가 나타나 모둠을 이끌기도 해요.

결과물이 완벽하지 않아도 괜찮아요. 과정을 칭찬해 주세요. 아이들이 우리끼리 해냈다는 성취감을 느끼는 것만으로도 충분히 의미가 있으니까요.

자음샘: 우리가 생각했던 최악의 상황들이 오히려 기회가 될 수도 있네요. 선생님은 항상 다른 시각을 가지고 계신 것 같아요. 가끔은 그게 이상하게 느껴지기도 하고요.

훈민샘: 오~ 기분이 좋은데요? '이상하다.', '다르다.', '특이하다.' 이런 말을 들을 때마다 제가 잘하고 있구나 싶은 생각이 들거든요. 역시 이상하죠?

모음샘: 네, 이상해요. 그런데 선생님은 왜 그렇게 '다름'을 좋아하세요?

훈민샘: 저의 사춘기 시절 이야기를 해볼게요. 저는 한창 사춘기였던 학창 시절에 제 자신과 많은 대화를 나누었어요. 제가 어떤 사람인지, 어떻게 살아가야 할지에 대해 깊이 고민을 했고, 나름의 정의도 내렸죠. 하루는 길을 걷다가 이런 생각이 들었어요. '왜 사람들은 이렇게 다를까? 저 사람은 왜 저런 생각을 할까? 왜 이해할 수 없는 행동을

하는 사람들이 이렇게 많은 걸까?' 한참 고민한 끝에 스스로 결론을 내렸어요.

"만약 모든 사람이 나와 같다면 세상이 얼마나 재미없을까? 모든 사람이 다른 건 당연하고, 덕분에 세상은 다채로운 거야."

그때부터 저는 저와 다른 사람을 인정하려고 노력했고, 스스로 평범한 사람이 아닌 나만의 색을 가진 '다른 사람'이 되려고 애썼어요. 교사가 되어서도 마찬가지였어요. 저만의 스타일을 가지려고 힘썼는데, 그러다 보니 저를 처음 만나는 학생들은 종종 낯설어하기도 해요.

자음샘: 맞아요. 애들이 "4학년 샘은 좀 특이해."라고 말하는 것을 들은 적이 있어요. 그런데 선생님들의 스타일이 너무 다르면 아이들이 혼란스러워하지 않을까요? 어느 장단에 맞추어야 할지 헷갈릴 것 같아요.

훈민샘: 우리 아이들은 결국 사회로 나가게 돼요. 사회에서는 학교에서 만난 선생님들보다 훨씬 더 다양한 성향의 사람들을 만나겠죠. 아이들이 학교에서 다양한 상황에 적응하는 능력을 키워야 해요. 그래서 다양한 스타일의 선생님들을 경험하는 게 아이들에게 더 좋은 경험이 될 것이라고 생각해요.

모음샘: 선생님 말씀을 듣고 보니 일리가 있네요. 저도 아이들이 다양한 경험을 할 수 있도록 저만의 색깔을 찾아봐야겠어요.

자음샘: 저희 반은 자리 바꾸는 것부터 새롭게 시도해 보려고요. 용기를 내어 무작위로 자리를 정해볼게요.

훈민샘: 선생님들의 용기를 응원할게요!

어느 해 종업식 날, 저는 학생들 한 명 한 명에게 편지를 읽어준 적이 있어요. 일 년 내내 저와 티격태격 다투던 한 아이의 차례가 되었죠. 저를 유독 싫어했던 그 아이에게 이렇게 말했어요.

"네가 원하던 선생님이 아니라서 미안해. 그래도 우리가 함께했던 시간이 네게 도움이 되었으면 좋겠어. 내년에는 더 잘 맞는 선생님을 만나길 바랄게."

그러자 그 아이가 제게 조용히 말했어요.

"죄송했어요. 선생님이 우리 반 담임 선생님이어서 좋았어요."

그날 저는 깨달았습니다. 우리가 서로 마음이 맞지 않더라도, 진심은 전해진다는 것을요. 오히려 나와 잘 맞지 않는 선생님이나 친구를 경험하면서 아이들은 한층 더 성장할 수 있어요.

다양한 교사의 성향과 수업 방식을 경험하는 것은 매우 중요한 일이에요. 학생들은 따뜻한 선생님도, 단호한 선생님도 만나며 앞으로 마주할 다양한 상황에 적응하는 방법을 배워야 해요.

그래서 교사로서 저만의 색깔을 만들어가려고 노력했어요. 학생을 대할 때는 차분하지만, 수업할 때는 열정적인 선생님. 학생들을 규칙으로 통제하면서도 학습 활동의 자율성을 강조하는 선생님. 현실을 직시할 수 있도록 냉정하게 말하지만, 항상 이상적인 꿈을 꾸라고 격려하는 선생님. 이것이 제가 꿈꾸는 선생님의 모습이고, 저만의 색깔이에요.

요즘에는 자신과 조금만 달라도 불편해하거나 불안해하는 학생들이 많아요. 새로운 짝을 만나거나 모둠을 구성할 때 어려움을 느끼는 경우도 흔하죠. 그럴 때마다 저는 이렇게 말해줍니다.

"너희는 커서 사회에 나가 수많은 사람들을 만나게 될 거야. 너희가 만날 친구, 동료, 선배, 관리자들이 모두 너희와 마음이 잘 맞는 사람일까? 아닐 거야. 앞으로 너희가 만날 사람들 중에서 마음이 맞는 사람은 10%도 안 될 거야. 그래서 학교에서 마음이 맞지 않는 친구들과도 함께 지내고, 설득하며, 이해하는 방법을 배워야 해."

교실에서 짝을 새로 뽑거나 모둠을 구성할 때 친구 관계를 세심하게 고려하는 선생님들이 많아요. 물론 이렇게 하면 선생님도 편하고 친구들 간의 분란도 줄어들겠죠. 하지만 저는 학생들이 학교에서 다양한 갈등을 경험해야 한다고 생각해요. 나와 생각이나 스타일이 맞지 않는 친구들을 만나서 설득도 해보고 양보도 해봐야 해요. 학교는 갈등을 현명하게 해결하는 방법을 배우는 공간이어야 하지 않을까요?

아마도 나와 다른 것을 배척하려는 것은 인류의 본능적인 성향일지도 모릅니다. 인종 차별이나 성차별과 같은 문제들이 역사 속에서 반복되어 온 이유도 여기에 있을 거예요. 아이들이 유행을 좇느라 자신의 개성을 잃고, 무리와 조금만 달라도 이상한 사람으로 취급하며 따돌리는 모습은 너무도 안타깝지만, 어찌 보면 당연한 현상일 수도 있어요.

그렇기에 학교가 필요하다고 생각해요. 학교에서는 다름의 가치를 가르치고, 우리가 모두 다르기에 세상이 재미있다는 것을 알려주지 않으면 차별을 극복하기 어려울 거예요. 다른 사람을 위해 규칙을 지켜야 한다고 교육하듯, 나와 다르다는 이유로 차별해서는 안 된다는 것을 가르쳐야 해요. 나아가 학생들이 이러한 가치를 직접 경험할 수 있는 기회도 주어야 합니다.

저는 학생들에게 이렇게 말해주고 싶어요.

"너희만의 색깔을 사랑하고, 나와 다른 친구들의 개성을 존중해야 해. 그래야 우리 학교가 다채로운 색깔로 빛날 수 있어."

이 꿈을 현실로 만드는 것이 우리 교사들의 역할이 아닐까요?

초심,
교사의 열정으로 마음을 움직이다

훈민쌤: 이번 전학공 시간에는 각자 감명 깊게 읽은 책을 소개하기로 했는데, 다들 준비해 오셨나요?

자음쌤: 네, 저는『선생님도 선생님이 처음이라』라는 책을 가져왔어요. 저처럼 막 초등학교 교사가 된 신규 선생님이 쓴 책인데, 읽으면서 너무 공감이 갔어요.

모음쌤: 그 책 한번 읽어보고 싶네요. 나중에 빌려주세요. (웃음) 저는『세금 내는 아이들』이라는 동화책을 소개하려고 해요. 초등학교에서 아이들에게 경제 교육을 하시는 선생님의 유튜브를 보고 있었는데, 마침 그 선생님께서 관련 동화책을 내셨더라고요. 우리 반에도 적용해볼까 싶어서 읽어봤는데, 꽤 재미있었어요.

훈민쌤: 저도 읽어봤는데, 교과서에서 배우는 경제보다 훨씬 흥미롭고 아이들이 직접 체험할 수 있어 정말 대단하다고 느꼈어요. 특히 선생님의 몸무게 변화를 주식 투자와 연계한 활동이 정말 신선했어요.

자음쌤: 선생님은 어떤 책을 가져오셨나요? 예전에 추천해 주신『고마워 교실』은 정말 좋았어요. 책에 나오는 '고마워 4종 세트'를 모두 실천해보지는 못했지만, 일상 속에서 '고마워.'라는 말을 자주 사용하고 감

사한 일을 찾아보려고 노력하다 보니 확실히 학급 분위기가 달라졌어요. 서로를 더 존중하게 되는 느낌이 들었거든요.

훈민샘: 정말 잘 됐네요. 저도 그 책을 읽고 깊은 감명을 받아 저자를 초청해 강의를 들었고, 학교 구성원들과 함께 '고마워 프로젝트'를 진행해 본 적이 있어요. '고마워.'라는 단어의 힘은 정말 크더라고요. 각 학급마다 '고마워 4종 세트'를 실천해 보면 좋을 것 같아요.

이번에 제가 가져온 책은 『열정적인 교사의 수업의 기술』이에요. 제가 신규 교사 시절에 어떤 장학사님께서 추천해 주셔서 읽었는데, 이 책은 제 교육관을 정립하는 데 큰 도움이 되었어요.

[그림 53] 도서 『열정적인 교사의 수업의 기술』

자음샘: 어떤 책인지 궁금해요. 소개해 주시겠어요?

훈민샘: 이 책의 핵심은 '열정적인 교사가 행복한 학교를 만든다.'는 거예요. 여기서 말하는 열정적인 교사는 단순히 '노오력'이나 희생을 강요받는 사람이 아니에요. 책에서는 열정적인 교사를 '학생들에게 꿈을 꾸게 하고, 그 꿈을 이루도록 돕는 사람'으로 정의하고 있어요. 교사가 교육 현장의 주체로서 열정을 발휘해야 학교가 제대로 작동할 수 있다는 내용을 담고 있어요.

모음샘: 교사의 열정이 중요하다는 건 알겠지만, 조금 추상적으로 들리네요.

훈민샘: 책의 차례를 보면 이해하기 쉬울 거예요. 1장은 '세상을 바꾸는 힘, 열정', 2장은 '교사는 학생의 미래를 만드는 사람'이에요. 즉, 열정은 세상을 바꾸는 힘을 지니고 있으며, 교사의 열정을 통해 학생들의 미래를 만들어 갈 수 있다는 내용이죠. 3장부터는 학교에서 교사가 열정을 발휘할 수 있는 구체적인 수업 기술을 소개해요. 제가 인상 깊었던 부분을 읽어드릴게요.

> 공부하고 싶어 안달하는 학생들은 많지 않기에 교사가 스스로 뜨거워지지 않고는 불을 지필 수 없다.
>
> – 『열정적인 교사의 수업의 기술』 중에서

자음샘: 여기서 말하는 열정은 '모범'과 비슷한 의미로 느껴지네요. 교사가 본보기를 보이면 학생들도 감화를 받을 수 있다는 거죠?

훈민쌤: 맞아요. 학생들은 배우는 주체이지만, 대부분 자발적으로 학교에 온 것은 아니잖아요. 배우고 싶은 열망이 큰 학생도 있지만, 그렇지 않은 경우가 더 많죠. 그래서 교사는 학생들 마음속에 배우고자 하는 열정을 불러일으킬 의무가 있어요.

모음쌤: 이해는 되지만, 열정만으로 가능한가요? 학급에서 적용할 수 있는 방법이 궁금해요.

훈민쌤: 이 책은 열정을 실현할 수 있는 다양한 수업 기술도 소개하고 있어요. 예를 들어, '첫인상 5초의 법칙'은 교사가 첫 수업에서 긍정적인 에너지를 발산해 학생들에게 신뢰를 심어주는 방법을 알려줘요. '경청의 효과'는 학생의 작은 목소리에도 귀 기울이는 자세가 어떻게 학급 분위기를 변화시키는지를 구체적으로 제안하죠. 읽어보시면 큰 도움이 될 거예요.

자음쌤: 하지만 열정을 계속 지속하기는 어려운 것 같아요. 학생에 대한 믿음이 무너지거나 학부모의 민원에 시달리면 쉽게 허탈해지잖아요. 저도 열정이 식어가는 느낌을 받을 때가 많아요. 어떻게 하면 열정을 유지할 수 있을까요?

훈민쌤: 저는 열정하면 늘 '초심'을 떠올려요. 첫 발령을 받아 교실에 들어섰을 때, "정말 열심히 아이들을 가르쳐야지!"라고 다짐했던 순간 말이에요. 저는 그 초심을 오래 간직하는 게 중요하다고 생각해요. 그래서 저는 학교에서 제가 좋아하는 일을 적극적으로 실천하려고 노력하고 있어요. 예능 프로그램처럼 재미있는 퀴즈를 준비하거나, 밴드 동아리를 만들어 공연을 열기도 했습니다. 졸업 영상을 넷플릭스 영화처럼 제작하거나, 2박 3일 동안의 수학여행을 역사 탐방으로 기획하기도 했죠. 교사도 가고 싶은 학교가 된다면 얼마나 즐

거울까요?

물론, 그럼에도 불구하고 열정은 언젠가 식기 마련입니다. 저 역시 일과 육아를 병행하며 지쳤을 때 번아웃을 경험한 적이 있어요. 그때 과감히 휴직을 결심했어요. 휴직 기간 동안 그동안 미뤄왔던 일들을 하나씩 해보니 머릿속이 정리되고, 꺼져가던 열정도 다시 살아나는 것을 느낄 수 있었어요.

모음샘: 선생님은 언제 가장 열정이 불타오르세요?

훈민샘: 저는 수업을 준비하면서 "이 자료로 수업하면 아이들이 얼마나 좋아할까?"라고 상상할 때 가장 행복해요. 그런 열정이 저를 계속 자극하다 보니, 신규 교사 시절보다 오히려 더 큰 열정을 느낄 때도 있어요.

자음샘: 선생님의 열정이 저희 반에까지 전염되어 저도 뭔가 더 해야 할 것 같다는 생각이 들 때가 있어요.

훈민샘: 맞아요. 한 교사의 열정은 학급을 넘어 학교 전체로 퍼지더라고요. 제 열정이 학교를 더 행복하게 만든다면, 불태울 만한 가치가 있다고 생각해요. 우리 함께 이 책을 읽고, 더 열정적인 교사가 되어 봐요.

오늘 하루 학교생활은 어땠나요? 혹시 학급에서 어려운 일로 마음이 무거운 순간이 있었나요?

요즘 교사 커뮤니티를 보면 어려움을 토로하는 선생님들의 글을 쉽게 볼 수 있어요. 그런 글을 읽을 때마다 마음이 안타까워져요. 가끔은 "교사는 칼퇴근에 방학까지 누리면서 불평만 한다."는 식의 이야기가 들려와 우리의 힘듦이 가볍게 치부되기도 하죠. 하지만 학교에서 실제로 이런 문제들을 겪고 있는 선생님이라면, 그것이 단지 참을성이 부족해서 오는 어려움이 아니라는 걸 잘 아실 거예요.

얼마 전, 인터넷에서 〈나는 민원이 아예 없는 완벽한 초등교사다〉라는 글을 읽었어요. 제목을 보고 궁금해져서 읽기 시작했는데, 내용을 보면서 마음이 무거워졌습니다.

이 글에 따르면, 열정적으로 노력했던 교사가 민원과 고소로 인해 점점 아무것도 하지 않는 교사가 되었고, 그런 태도가 오히려 "완벽한 교사"로 인정받도록 만들었다고 해요. 학생이 조금이라도 더 성장하기를 바라는 애정과 책임감으로 노력했던 선생님이 좌절을 겪고 교육에 대한 열의를 잃게 되는 상황이 정말 안타깝습니다.

하지만 그렇다고 해서 학생들에게 필요한 관심과 지원을 소홀히 할 수는 없어요. 교사는 학생들이 학습, 사회성, 정서적 발달에서 결손을 겪지 않도록 돕는 중요한 역할을 맡고 있잖아요. 물론 법과 제도를 개선하는 일이 시급한 과제임은 분명하지만, 교사가 학생들에게 애정을 가지고 책임을 다하는 태도도 반드시 필요하다고 생각해요. 제도 개선만을 기다리다가는 그 시간 동안 학생들이 방치되거나 도움을 받지 못할 수 있으니까요.

지금 우리에게 필요한 건 교사의 진정한 열정이에요. 이 열정은 단순히 노력하거나 교사의 희생을 의미하지 않아요. 제가 생각하는 '교사의 열정'은 학생의 가능성을 믿고, 그들이 직면한 어려움을 함께 해결하며, 그 과정에서 교사와 학생이 함께 성장해 나가려는 마음가짐이에요.

교사가 이렇게 열정을 가지고 학생들을 지도할 때, 그 마음은 학생들에게도 전해져요. 무기력한 학생들에게 '한번 해볼까?'라는 작은 용기를 심어주고, 배움의 즐거움을 느끼게 할 수 있죠. 선생님을 보며 더 나은 사람이 되고 싶다는 마음을 가질 수도 있고, 자신의 꿈을 이루기 위해 준비해야 한다는 걸 깨닫게 되기도 해요. 교사의 열정은 학생들에게 따뜻한 열기를 전해주며, 그들의 마음속에서 성장과 변화의 에너지를 끌어낼 수 있는 힘이 되거든요.

열정적인 교사는 학교 전체를 행복하게 변화시키는 힘도 가지고 있어요. 신규 교사 시절, 저는 야외 수업을 통해 학생들과 더 가까워지고자 했어요. 손수건 뺏기 놀이를 하거나 운동장에서 물총놀이를 하는 등 다양한 활동을 많이 했죠. 그때 옆 반 선생님께 "우리 반 아이들도 나가고 싶다며 난리예요."라는 불평을 듣기도 했지만, 시간이 지나자 다른 반에서도 다양한 야외 활동을 시도하며 교실 밖으로 나오기 시작했어요. 학생들이 즐겁게 수업에 참여하며 웃는 모습을 볼 때, 제 열정이 긍정적인 영향을 미쳤다는 사실에 큰 보람을 느꼈답니다.

교직 경력 15년 차인 지금도 교육을 향한 저의 열정은 초심과 다르지 않다고 생각해요. 이 열정을 유지하기 위해 스스로 많은 노력을 기울이고 있어요. 저보다 훌륭한 선생님들의 연수와 수업을 보며 자극을 받았고, 과거에 진행했던 수업과 활동 사진을 다시 찾아보며 그 시절의 마음을 되새기기도 했죠. 번아웃으로 인해 열정이 소진되었던 시기에는 과감히 휴식을 취하며 재충전의 시간을 가지기도 했어요.

주변 사람들의 응원도 제게 큰 힘이 되었어요. 아내는 학생 상담과 관련된 고민을 들어주며, 제가 잘못된 방향으로 나아갈 때마다 조언을 아끼지 않았어요. 함께했던 교직원들과 동료 교사들의 응원 또한 제게 큰 힘이 되었죠.

"주샘, 요즘도 열심히 수업하고 학급을 잘 운영하고 있죠? 항상 응원하고 있어요."

요즘 교직 생활이 쉽지 않은 것 같아요. 학부모의 민원부터 문제 행동을 일으키는 학생들의 수업 방해, 교사가 훈육할 수 없게 만드는 법과 제도까지, 선생님들이 교육에 집중하기가 점점 더 어려워지고 있어요.

하지만 이런 상황 속에서도 우리가 잊지 말아야 할 것은 교사의 열정이 여전히 교육의 핵심이라는 점이에요. 우리가 열정을 쏟아야 할 대상은 바로 교육이에요. 현재 학교가 처한 위기를 극복할 수 있는 가장 큰 힘도 결국 교육을 향한 교사들의 열정에서 나오니까요.

저는 교육을 위해 끊임없이 노력하는 교사가 진정한 참교사라고 믿어요.

그래서 앞으로도 학생들과 학교를 위해 제 열정을 쏟을 생각이에요. 선생님도 저와 함께 열정적인 참교사가 되어보시지 않으시겠어요?

종업식,
어떻게 이별까지 사랑하겠어

자음샘: 선생님, 이제 일주일만 지나면 애들과도 마지막 인사를 나눠야 하네요. 후련하면서도 왠지 슬퍼요.

모음샘: 그러게요. 이번이 두 번째 종업식인데, 작년에는 정신없이 마쳤다면 올해는 뭔가 마음이 먹먹해요.

훈민샘: 슬프고 먹먹한 마음이 드시는 걸 보니, 올해 정말 아이들에게 많은 애정을 쏟으셨나 봐요. 고생 많았어요.

모음샘: 선생님도 수고하셨습니다. 옆에서 많이 배웠습니다.

자음샘: 생각해 보니 선생님들과도, 교직원들과도 헤어질 시간이 얼마 남지 않았네요. 그동안 많은 정이 들었는데, 정말 아쉬워요.

훈민샘: 종업식까지 일주일 정도 남았으니, 그동안 잘 마무리하시기 바랍니다. 이별을 잘해야 새로운 만남도 잘할 수 있답니다.

첫 실습 때가 떠오르네요. 아마 3학년 교실로 배정받았던 것 같아요. 아이들과의 첫 만남은 설렘 그 자체였고, 그들의 순수한 모습은 저에게 큰 기쁨이었죠. 그 순간들을 사진으로 남기고 싶어 하루에도 몇 번씩 카메라를 들곤 했어요. 실습이 끝나는 것이 아쉬워서 별도로 체육 시간을 마련하여 아이들과 마지막 추억을 남기기도 했답니다.

문제는 두 번째 실습 때였어요. 새롭게 만난 학생들보다 6개월 전에 만났던 아이들이 더 신경 쓰였어요. 새로운 학생들과 첫인사를 나눈 뒤에도 제 마음은 여전히 예전 교실에 머물러 있었죠. 쉬는 시간이 되자 서둘러 그 교실을 찾아가 아이들을 다시 만났어요. 아이들도 저를 반겨주었고, 저 역시 그리운 마음을 감출 수 없었죠. 하지만 그 뒤로 내내 마음이 불편했어요. 새로운 아이들의 이름도 잘 외워지지 않았고, 이전 아이들과 비교하게 되는 제 자신을 발견했거든요. 그제야 제가 잘못하고 있다는 것을 깨달았답니다.

모음샘: 그러셨군요. 저도 사실 작년에 맡았던 첫 제자들을 쉬는 시간에 볼 때마다 뭔가 아련한 기분이 들어서 우리 반 아이들에게 집중하지 못한 적이 있어요.

훈민샘: 아무래도 첫 제자이다 보니 더 그랬을 거예요. 저는 첫 제자들과 함께 한 해를 마치지 못하고 2월에 입대했거든요. 그런데 스승의 날 즈음에 아이들이 보고 싶다며 부대로 편지를 보내줬어요. 선임들에게 부탁해 받은 건빵을 한가득 들고, 군복을 입은 채 마을버스를 타고 학교로 첫 휴가를 나왔던 기억이 떠오르네요.

자음샘: 우와! 아이들이 정말 좋아했겠어요. 군복을 입은 선생님이라니, 게다가 건빵까지 들고 가셨다니요!

훈민샘: 지금 떠올려보면 정말 부끄럽네요. 하지만 그때는 첫 제자들과의 이별을 온전히 하지 못한 미안한 마음이 컸던 것 같아요. 이후에도 아이들과의 이별은 늘 힘들었고, 그래서 새로운 만남이 어려워지더라고요. 그때 결심했죠. 지나간 학생들과의 추억은 소중히 간직하

되, 지금 제 앞에 있는 아이들에게 더 많은 마음을 쏟아야겠다고요. 교직원들과의 이별도 마찬가지입니다. 올바른 길로 이끌어 주신 교장 선생님과 교감 선생님, 함께 하는 것만으로도 든든했던 부장 선생님, 힘든 순간을 함께 이겨냈던 동료 선생님들, 만날 때마다 웃으며 응원해 주시던 교직원들까지 많은 분들이 떠오르네요. 저는 감정을 쉽게 드러내지 않는 편이라 친해지기까지 시간이 걸리지만, 한 번 마음을 열면 오래가는 편이에요. 그래서 이별할 때마다 아쉽고 서운한 마음을 많이 느껴요.

자음샘: 선생님도 내년에 떠나실 수 있는데, 가시더라도 저희를 잊으시면 안 돼요!

훈민샘: 당연하죠. 언제든지 연락해 주세요. 선생님들이 힘드실 때마다 힘이 되어 드릴게요.

모음샘: 선생님의 조언 덕분에 무사히 일 년을 마칠 수 있었던 것 같아요. 그동안 감사했습니다.

제가 경험한 바로는, 교사라는 직업은 해야 할 일의 종류가 매우 다양하고, 그 결과가 바로 나타나지 않으며, 사람과의 관계가 중요한 직업이에요. 따라서 만약 이 일이 자신의 적성에 맞지 않는다면 많은 스트레스를 받을 수밖에 없죠.

외부에서 보기에 교사는 단순히 학생들에게 지식을 잘 가르치기만 하면 되는 직업처럼 보일 수 있어요. 하지만 실제로는 그렇지 않죠. 교사는 학생 간의 갈등을 해결하고, 학부모와 소통하며, 학급 분위기를 조성하는 등 다양한 역할을 수행해야 해요. 여기에 행정 업무와 각종 행사 준비까지 더해지면서, 때로는 일이 끝이 없는 것처럼 느껴지기도 하죠. 학부모의 민원에 지쳐가는 날들 속에서도, 다음 날 수업을 위해 바느질 연습을 하고 있는 나 자신을 보며 허탈감이 밀려올 때도 있었어요.

다행히도 저는 교사라는 직업이 제 적성에 잘 맞았어요. 열심히 노력한 만큼 보람도 느꼈고, 주변 분들의 도움 덕분에 어려운 상황도 이겨낼 수 있었죠. 다만 한 가지, 교사로서 극복하기 어려웠던 부분이 있었는데, 바로 '헤어짐'이었어요.

매년 3월이 되면 한 교실에서 새로운 아이들과 서먹한 첫 만남을 시작해요. 이름을 외우고, 마음을 열어가며 친해지려고 노력하죠. 일 년 동안 학생들과 부대끼며, 미우나 고우나 내 자식이라고 생각하고 정성을 쏟아요. 하지만 우리에게는 필연적으로 이별의 시간이 찾아와요. 사랑하던 아이들과 이별하고, 또 새로운 학생들을 가족으로 맞이해야 한다는 것이 참 힘들었어요.

제 경험을 떠올려보면, 첫 발령 학교에서의 이별은 정말 잊을 수 없을 정도로 슬펐습니다. 군 경력을 포함해 무려 7년 동안, 20대의 청춘을 함께한 학교를 떠나는 마지막 날이었으니까요. 졸업식에 참석한 학생들 중 절반 이상이 제 제자였는데, 내일이면 이 아이들을 볼 수 없다는 생각에 눈물이 왈칵 쏟아졌어요. 급히 아이들과 마지막 인사를 나누고 교실로 돌아와 혼자 울음을 삼키고 있는데, 몇몇 학부모님께서 찾아

오셔서 저를 다독여 주셨어요. "선생님, 그동안 고생 많으셨습니다. 선생님 같은 좋은 분을 만날 수 있어서 저희도 참 행복했어요." 그 말씀에 저는 한참 동안이나 눈물을 멈출 수 없었답니다.

교직 경력이 15년쯤 되니 이별의 아쉬움이 조금 무뎌지긴 했지만, 여전히 힘든 순간들이 있어요. 그래서 이별의 시간을 잘 마무리하려고 노력해요. 아이들과 헤어질 때는 편지를 써서 그간 하지 못했던 진심을 전하기도 하고, 언제나 응원하겠다고 약속하기도 해요. 함께했던 교직원들에게도 "다음에 밥 한 끼 하자."며, 또 다른 학교에서 만나길 바란다는 인사로 작별을 합니다. 이렇게 이별을 정리해야 새로운 만남을 진심으로 받아들일 수 있다고 생각하기 때문이에요.

내일은 10년 전에 함께 근무했던 선생님들을 만나러 가는 날이에요. 약속을 잡은 날부터 매일 설렜어요.
'선생님들은 어떻게 변해 계실까? 어떤 이야기를 나눌까? 우리의 지난 추억을 기억하실까?'
이런 생각들로 가슴이 두근거렸어요. 그리웠던 동료 교직원들과의 만남, 불현듯 찾아오는 옛 제자의 반가운 연락들은 제가 교직 생활을 열심히 해왔기에 받을 수 있는 소중한 선물이라고 생각해요.

이별은 누구에게나 힘든 일입니다. 교사는 매년 이러한 힘든 이별의 순간을 경험해야 하죠. 어떻게 이별까지 사랑할 수 있을까요? 비록 이별의 순간이 어렵더라도, 그 빈자리를 잘 마련해 두어야 새로운 인연과 사랑으로 채울 수 있어요.
진심을 다한 이별은 새로운 시작을 위한 소중한 준비가 아닐까요?

늘 진심을 다해 주시길 응원하며, 앞으로의 교직 생활도 잘 이겨내시길 바랍니다.